高校信息化建设与管理丛书编委会

主　任　梁　茜

副主任　于俊清　王士贤　吴　驰　李战春
　　　　　柳　斌　康　玲

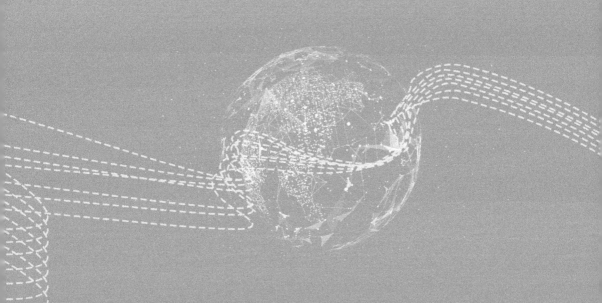

高校信息化建设与管理

王士贤　于俊清　吴驰／编著

编著者　（以姓氏笔画为序）

于俊清　王士贤　王景素　文坤梅　龙　涛　刘　洪
刘晓兰　李　凯　李战春　吴　驰　张洁卉　陈　英
罗　蔚　周丽娟　郑君临　郑竞力　柳　斌　康　玲
章　勇　彭娅婷　雷　洲　熊　鹰

华中科技大学出版社
http://www.hustp.com
中国·武汉

内 容 提 要

本书主要介绍了高校常见信息化规章制度内容及建设方法，汇集了发展规划类、体制机制类、信息标准与技术规范类、网络安全类、项目与经费管理类、校园网管理类以及网站和信息系统管理类 7 大类共 37 篇规章制度，例如《信息化管理工作条例》《校园计算机网络管理办法》《信息系统建设与运行维护管理办法》等。本书对每篇规章制度进行了解析，包括背景分析、文件构成以及执行中的注意事项等，可为高校制定信息化规章制度提供参考。

图书在版编目(CIP)数据

高校信息化建设与管理. 制度篇/王士贤,于俊清,吴驰编著. —武汉:华中科技大学出版社,2021.2(2023.6重印)
 ISBN 978-7-5680-6541-2

Ⅰ.①高… Ⅱ.①王… ②于… ③吴… Ⅲ.①高等学校-信息化建设-研究-中国 Ⅳ.①G649.2

中国版本图书馆 CIP 数据核字(2020)第 150755 号

高校信息化建设与管理——制度篇
Gaoxiao Xinxihua Jianshe yu Guanli——Zhidu Pian

王士贤　于俊清　吴　驰　编著

策划编辑：徐晓琦
责任编辑：徐晓琦　李　昊
封面设计：原色设计
责任校对：李　弋
责任监印：徐　露

出版发行：华中科技大学出版社(中国·武汉)　　电话：(027)81321913
　　　　　武汉市东湖新技术开发区华工科技园　　邮编：430223
录　　排：武汉正风天下文化发展有限公司
印　　刷：武汉邮科印务有限公司
开　　本：710mm×1000mm　1/16
印　　张：13　插页:2
字　　数：240 千字
版　　次：2023 年 6 月第 1 版第 5 次印刷
定　　价：48.00 元

本书若有印装质量问题，请向出版社营销中心调换
全国免费服务热线：400-6679-118　竭诚为您服务
版权所有　侵权必究

序

20世纪后50年,人类最重大的技术发明之一是互联网。特别是近30年来,互联网在全球连接了数以几十亿计的各种各样的计算机终端(大到超级计算机系统,小到手机和各种传感器),以及在此基础上开发的不计其数的大规模应用,更成为人类除陆、海、空、天之外越来越赖以生存的第五疆域——网络空间的最重要基础设施,推动着人类社会在各方面的发展和进步。2020年以来的全球新冠肺炎疫情防控,如果没有互联网的支撑,后果真是不可想象。

党的十八大以来,以习近平同志为核心的党中央,重视互联网、发展互联网、治理互联网,统筹协调涉及政治、经济、文化、社会、军事等领域的网络安全和信息化重大问题,提出了"没有网络安全就没有国家安全,没有信息化就没有现代化"和"网络强国"等重要论述。随着IPv6下一代互联网的发展,互联网必将对我们的工作、学习和生活产生更加深远的影响。近些年来,国家"互联网+"行动计划推动互联网技术在各行各业广泛应用和深度融合,使得互联网在我国国民经济和社会发展中发挥着越来越重要的作用。"互联网+教育"就是一个重要的应用典范。

中国高等教育的信息化起始于20世纪80年代。从1994年开始,中国教育和科研计算机网(CERNET)把互联网逐步接入中国高校,中国高等教育迎来了互联网时代。从电子校园到网络校园,从数字校园到智慧校园,以互联网为依托的现代信息技术为高校教学、科研、管理和服务注入了新的活力,带来了革命性变化。尤其是面对2020年突如其来的新冠肺炎疫情,信息化在保障高校正常教学科研和管理运行方面发挥了极其重要的作用。《中国教育现代化2035》要求建设一体化智能化教学、管理与服务平台,推进管理精准化和决策科学化,对教育信息化提出了更高的要求。但是,目前中国高校信息化工作发展很不平衡,许多高校信息化工作还在被体制不顺、队伍不强、重视不够、经费不多,以及网络安全"压力山大"等问题困扰,在日新月异的信息化新技术上也面临着难以选择的困境,高校信息化工作者急需通过交流与合作不断提升、共同进步。

  近些年来,华中科技大学高度重视学校网络安全和信息化建设管理工作,经过不断开拓创新和努力工作,闯出了一条适合自己、特色明显的高校网络安全和信息化工作路子。他们将这些网络安全和信息化建设管理工作的实践经验总结提高,编写成这套丛书,分为管理篇、技术篇和制度篇,其思路清晰、内容翔实、分析到位、制度明确,对高校信息化工作者有很强的借鉴意义。我觉得这种交流和分享的形式很值得推广与借鉴,也希望更多的高校信息化工作者能够参与其中,提出更深层次的问题,开展更加充分的交流,推动更加广泛的合作,共同把高校的网络安全和信息化工作推向一个新的高度!

吴建平
清华大学
2021 年 2 月 18 日

前　言

完善的信息化规章制度体系是开展信息化建设管理的必要基础，在一定程度上是信息化成熟的重要标志之一。由于很多高校忙于校园网和信息系统建设，无暇顾及规章制度建设，但随着信息化的不断发展，系统之间互联互通、数据共享、数据治理、大数据等逐步开始建设，涉及部门之间协同的事情越来越多，信息化进入深水区，单靠信息中心的技术力量甚至分管校领导的力量已经很难推动，必须规范管理，建设全校性的信息化建设和管理规则。建立一个完善的信息化规章制度体系是一个长期的过程，难度远超过某个信息系统的建设。但磨刀不误砍柴工，完善的规章制度对于信息化建设必将起到重要的保障和促进作用。

信息化工作千头万绪，从宏观的发展规划，到中观的信息系统建设，再到微观的某个数据项的标准或某个系统的操作规范，都是信息化规章制度应该规范的对象。因此，首先应对信息化规章制度按规范的对象等级进行划分，分为校级规章和部门规章。校级规章制度的出台程序复杂且周期长，首先需要和相关部门形成共识，然后再经过分管校领导审批，最后经学校党委常委会或校长办公会审议通过。但它一旦出台，对于后期工作推动作用较大，尤其是校级规章中如果涉及考核、监督、问责等条款，或者涉及各相关部门的利益，就会引起相关人员的重视，会促使他们按照学校的文件来建设和配合。校级规章出台的过程也是一门学问，有许多问题需要注意，具体可参阅《高校信息化建设与管理——管理篇》中的相关内容。本书主要介绍校级信息化规章的制定。部门级规章的制定相对容易，主要是规范内部流程，内部达成一致意见即可，但权威性和约束性有限。

规章制度要分类制定，可分为发展规划、体制机制、信息标准与技术规范、网络安全、项目与经费管理、校园网管理、信息系统管理，等等。其中发展规划、体制机制等属于宏观层面的规章，内容较为简洁、宏观；后面几类属于微观层面的规章，用于规范具体的事务，规则条款更细、更具体。当然这只是本书的分类方法，各高校可根据学校实际情况进行调整。

具体到每一个规章制度，其条款要做到内容全面、简洁明了、流程清晰。规章制度的主要表现形式是各类管理文件，一个好的文件不是内容越多越好，而是要把需要规范的事情说清楚。管理文件一般由总则、职责与分工、建设管理、考核评价、保障措施、安全管理、罚则、附则等几部分组成,每一部分称为"章",每"章"包含若干条,若文件内容简单也可以不分章。

  规章制度的制定只是一个良好愿望的开端,执行和落实好才能充分发挥它们的效用。规章制度的落实与学校对信息化工作的重视程度、各部门的配合情况、体制机制的运行情况,以及信息化部门的技术支撑能力等有关。关于高校信息化建设的管理方法和技术方法可参见本书的姊妹篇《高校信息化建设与管理——管理篇》和《高校信息化建设与管理——技术篇》。

  华中科技大学自2013年成立信息化管理办公室以来,不断加强信息化规章制度建设,基本形成信息化规章制度体系,并在推进学校信息化建设的过程中发挥了重要保障作用。这些规章制度凝聚了华中科技大学历届分管信息化的校领导、信息化部门人员,以及相关职能部门同志们的智慧与汗水,在此向他们表示感谢和致敬。华中科技大学在制定信息化规章制度过程中也参考了大量兄弟高校的相关规章制度,在此,向各位同仁表示感谢。

  本书以华中科技大学现有信息化规章制度为基础,进行了重新梳理和改编,同时,为每个文件增加了解析,介绍文件出台的背景、必要性、主要内容以及落实时需要注意的问题,以期为各高校信息化规章制度建设提供"他山之石"。本书既可以作为高校信息化工作人员的参考用书,也可作为相关专业本科生、研究生的教材或辅导参考用书。

  由于水平有限,书中错误在所难免,望各位同仁不吝批评指正。

本书编委会

2021年2月

目　　录

1 发展规划类 ·· 1
　1.1 信息化建设纲要 ··· 3
　1.2 "十三五"信息化发展规划 ··· 6

2 体制机制类 ·· 23
　2.1 关于成立网络安全和信息化领导小组的通知 ············· 25
　2.2 信息化管理工作条例 ·· 27
　2.3 信息化技术架构建设条例 ······································· 29

3 信息标准与技术规范类 ·· 35
　3.1 信息管理系统使用人员编号编码管理办法 ················ 37
　3.2 内设组织机构代码管理办法 ···································· 42
　3.3 附属医院机构代码及所属人员编码方案 ··················· 47

4 网络安全类 ·· 49
　4.1 网络与信息技术安全管理办法 ································· 51
　4.2 信息技术安全事件报告与处置流程 ·························· 57
　4.3 信息技术安全漏洞整改流程 ···································· 66

5 项目与经费管理类 ·· 71
　5.1 信息化项目管理办法 ·· 73
　5.2 信息化经费管理办法 ·· 75

6 校园网管理类 ·· 79
　6.1 校园计算机网络管理办法 ······································· 81
　6.2 基建修缮工程中计算机网络建设管理办法 ················ 89
　6.3 校园计算机网络设备间建设与管理细则 ··················· 95
　6.4 校园网络域名管理办法 ·· 98
　6.5 移动通信基站管理办法 ··· 101

  6.6 信息管网及线缆资源建设与使用管理办法 …………………… 107

7 网站和信息系统管理类 ………………………………………… 115
  7.1 互联网站管理办法 …………………………………………… 117
  7.2 主页建设管理办法 …………………………………………… 121
  7.3 网站群建设管理办法 ………………………………………… 126
  7.4 教师个人主页系统建设管理办法 …………………………… 132
  7.5 电子邮箱及电子邮件系统管理办法 ………………………… 136
  7.6 信息系统建设与运行维护管理办法 ………………………… 141
  7.7 基础数据库建设与使用管理办法 …………………………… 150
  7.8 统一信息门户系统建设管理办法 …………………………… 154
  7.9 统一身份认证系统建设管理办法 …………………………… 158
  7.10 统一通讯平台建设管理办法 ………………………………… 160
  7.11 网上办事大厅信息平台建设管理办法 ……………………… 164
  7.12 信息化自助设备建设与运行维护管理办法 ………………… 168
  7.13 校园卡管理办法 ……………………………………………… 173
  7.14 校园卡资金结算管理办法 …………………………………… 182
  7.15 校园卡卡务管理规定 ………………………………………… 185
  7.16 校园卡系统部门收费户管理规定 …………………………… 189
  7.17 校园卡专网和设备管理规定 ………………………………… 192
  7.18 会议签到系统建设管理办法 ………………………………… 195

后记 ……………………………………………………………………… 200

1

发展规划类

1.1 信息化建设纲要

解析 《信息化建设纲要》是信息化建设的纲领性文件,主要包括信息化建设目标、原则、要点和保障措施。它是信息化发展规划的极简版或先导版,有利于学校各级领导及师生员工快速了解学校信息化建设的愿景和主要工作,对于已经着手开始制定信息化发展规划的高校也可以不用制定纲要,直接出台规划。华中科技大学于 2014 年 1 月 23 日经学校党委常委会审议通过,出台了该纲要,为信息化建设明确了"提高管理服务水平、提供科学决策支持和促进学科发展"的目标定位,为学校后来制定《"十三五"信息化发展规划》奠定了重要基础。

第一部分 发展目标和建设原则

一、发展目标

为提升学校办学综合实力和创新能力,完善信息化建设的管理体制,我校信息化建设的目标定位于:

1. 提高管理服务水平
2. 提供科学决策支持
3. 促进学科发展

二、建设原则

1. 统筹规划,分步推进
2. 应用驱动,重点突破
3. 规范标准,共建共享
4. 责权统一,监管到位

第二部分 建设要点

三、信息化标准建设

1. 信息化基础设施建设标准
2. 应用系统建设标准
3. 信息标准

四、信息化基础设施建设

1. 校园信息网络基础设施建设
2. 信息化基础平台建设
3. 基础数据库建设
4. 高性能计算平台建设

五、信息安全建设

1. 基本技术要求

构建、规范信息系统的技术安全机制。建设层面包括：物理安全、网络安全、主机安全、应用安全、数据安全。

2. 基本管理要求

规范、限制信息系统中各种角色参与的活动。建设内涵包括：安全管理制度、安全管理机构、人员安全管理、系统建设管理、系统运维管理。

六、信息化应用建设

1. 管理信息化应用建设
2. 教学信息化应用建设
3. 科研信息化应用建设
4. 服务信息化应用建设

七、信息化决策支撑建设

1. 信息化相关学科建设
2. 信息化决策支持系统建设

第三部分 保障措施

八、体制机制保障

健全和完善信息化组织架构，建立科学有效的信息化管理体制、畅通的工作网络、实时响应的信息化建设运行管理与维护体系，形成领导小组决策、主管部门统一管理、专家指导、信息中心技术支持、全校各单位共建共享的信息化工作机制：

1. 信息化建设领导小组

为学校信息化建设提供决策。

2. 信息化管理部门

负责学校信息化建设的管理体制设计、管理制度建设、标准体系建设，统筹信息化工作。

3. 信息化专家组

提供咨询和指导。

4．信息中心

承担信息化运行维护和技术服务。

5．学校各单位

具体执行本单位信息化建设工作。

九、制度保障

完善制度建设，保障信息化工作理性、健康、有序发展：

1．建设管理规范

2．安全管理规范

3．应用管理规范

4．运维管理规范

5．经费管理规范

6．档案管理规范

十、技术队伍保障

1．专业化技术支撑队伍配备

2．专业化技术支撑队伍培训

十一、经费保障

1．学校保障信息化经费投入

2．信息化管理部门统筹安排信息化经费使用

1.2 "十三五"信息化发展规划

解析 《"十三五"信息化发展规划》属于学校中长期信息化发展规划。制定一个愿景清晰、建设路线图明确、保障措施具体的信息化规划,对于指导学校开展信息化工作意义重大(规划的编制方法可参见《高校信息化建设与管理——管理篇》中"信息化规划方法"相关内容)。华中科技大学于2015年启动"十三五"信息化发展规划的编制工作,经过了多渠道调研、广泛征求意见,该规划在师生和部门中凝聚了大量共识,于2016年6月17日经学校党委常委会审议通过,作为校级文件发布。规划提出了通过"十个一"工程建设一流智慧校园的目标,深受师生认可。近几年学校信息化建设严格按照规划开展,信息化项目根据规划提出的建设任务审批和立项,"十个一"工程基本完成,目标基本实现,信息化建设成果丰富,成效明显,师生获得感明显增强,本规划发挥了重要的指导和统领作用。

根据《国务院关于大力推进信息化发展和切实保障信息安全的若干意见》、教育部的《教育信息化十年发展规划(2011—2020年)》、学校的《"十三五"发展规划》《信息化建设纲要》等文件精神,结合学校信息化工作实际,制订本规划。

第一章 现状分析

一、取得的主要成绩

"十二五"期间,信息化工作取得了显著成绩,有力促进了学校教学、科研等各项事业发展。

1. 校园网络基础设施国内先进

校园计算机网络已覆盖校园所有204栋办公楼和学生宿舍,布置了7万余个信息点;部署校园无线网访问接入器7900多个,公共区域无线网室内覆盖率达到约95%;全网实现动态IP地址管理,为用户提供多种认证方式;校园网出口实现了多链路接入,部署了网络缓存系统,总带宽达到12.4 Gbps;机房建立了双回路UPS电源和柴油机发电机备用电源系统,有效保障了校园网用电安全;建设了呼叫中心、运维平台、用户服务大厅,运维水平和服务水平明显提升。校园网建设总体水平在国内高校中居于先进水平。

2. 数据中心建设初见成效

采用云计算技术,建成了以小型机、X86 服务器、中高端存储等硬件设备为基础的学校核心数据中心,以 X86 服务器集群为主的学校二级数据中心,以及校园卡系统数据中心等三大数据中心。服务器 CPU 总核数达 712 核,总内存近 8.5 TB,磁盘阵列存储总容量近 300 TB。核心数据中心支撑了人事、学工、教务、设备、办公自动化、房产、档案等 30 余个校级重要业务信息系统的运行;二级数据中心已初步实现为校内相关单位提供以 IaaS(Infrastructure as a Service,基础设施即服务)为基础的私有云服务,支撑了全校各院系近 200 个网站及信息系统的运行;校园卡数据中心采用了先进的本地双活和异地灾备架构,支撑了 10 余万用户的校园卡系统稳定运行。

3. 信息系统与资源建设陆续开展

学校人事、学工、财务、资产、教务、科研、办公等主要管理和服务业务基本实现信息化,共建有各类业务信息系统 100 余个;校园卡系统建成,成功应用在后勤集团食堂超市、图书馆、校医院等场景;校园交通门禁、水电监管平台等特色系统投入使用;继续教育平台课程课件达 1100 多门并开发了面向移动终端的应用;数字图书馆初具规模,已拥有 120 个购买单元的中外文数据库,电子图书 267.5 万册,电子期刊达 5 万余种,为教学科研提供了丰富的文献资源;数字档案系统已经投入运行,档案数字化工作正在开展。

4. 网站建设颇具特色

校内各单位均建设了门户网站,已建设各类网站 300 余个。部分网站建设特色突出;新媒体建设成绩突出,学校官方微博 2013 年获高校微博影响力全国第一,官方微信 2014 年获全国教育系统官方微信创新奖;图书馆、注册中心等利用微信公众号建立了业务应用。

5. 网络安全防护体系稳步建立

学校高度重视网络信息安全,成立了党委书记、校长任组长的网络安全和信息化领导小组,出台了《网络与信息技术安全管理办法》。不断加强网络与信息安全防护体系建设,配备了信息安全专业技术人员,基本实现了"攻击能防护,问题能追溯"的目标,有效保障了学校核心网络和重要信息系统的安全。

6. 运维服务体系初具雏形

呼叫中心启用,统一了校园网服务电话号码;监控中心和运维服务系统投入运行,网络及数据中心资源实现动态监控,建立了维修派单和评价制度。建立了一支以外包服务为主的校园网络和校园卡系统终端的维护队伍。新建了网络服务大厅和校园卡服务大厅,用户服务体验明显提升。校园信息化运维体系初步形成。

7. 保障体系有效落实

信息化机构整合初步完成,成立了负责统筹学校信息化建设的信息化管理部门,体制已经理顺。校银合作取得成功,信息化建设经费得到落实。

二、存在的主要问题

信息化建设虽然取得了一定成绩,但是与学校创建世界一流大学目标的要求相比,与师生对信息化的需求相比,仍然存在明显差距。

1. 信息化基础设施有待加强

校园地下信息网络管道缺失,亟待规划修建;校园计算机网络、专用通信网络、公用通信网络存在多头管理,关系急需理顺;无线网覆盖率需进一步提高;校园网出口需进一步扩容和优化;校园网络主机房因位置所限,空间无法拓展,难以满足未来长远发展需求。

2. 信息化应用水平不高

各信息系统之间缺乏共享互通,"信息孤岛"和数据不一致情况突出;利用"互联网+"进行跨部门或跨信息系统流程再造尚需推进;尚未利用物联网等技术建立集成式校园管理信息化平台,校园管理智慧化程度有待提高;学校基础数据库尚未完全建立,数据质量不高,无法实现数据治理;尚未建立大数据分析平台,对科学决策的支持不够;门户网站建设有待加强;数字资源建设迫在眉睫,各类数字教学资源分散;信息技术与教育教学的融合不够深入,尚未建立完善的支持师生在线交互的课程平台,慕课、微课等刚刚起步。

3. 网络与信息安全体系急需完善

部分网站部署在学校数据中心外,尚未纳入学校统一的网络与信息安全防护体系;部分安全设备老化,对信息系统层面的安全防护较弱,防护体系需要进一步升级和完善;防护体系的审计措施不到位,各类应用日志的采集、分析不全面,尚不具备信息安全预警防护功能。

4. 高水平信息技术队伍严重缺乏

信息化建设需求多、要求高,且当前信息安全形势越来越严峻,但学校缺乏一支高水平的信息技术队伍及信息安全专职队伍,导致我校信息化建设水平始终不高,信息安全难以有效保障,信息化难以得到健康持续发展。

第二章 机遇与挑战

一、面临的机遇

1. 国家高度重视信息化

习近平总书记指出:"没有网络安全就没有国家安全,没有信息化就没有现代化";十八大报告将信息化列为"新四化";国务院发布《国务院关于大力推进信息化发展和切实保障信息安全的若干意见》,相继提出"互联网+"行动计划和促进大数据发展的行动纲要,信息化在国家层面被提到了一个前所未有的高度。《国家中长期教育改革和发展规划纲要》关于推进教育信息化进程独立成章;《教育信息化十年发展规划(2011—2020年)》正式颁布。

2. 信息技术日益成熟

当前信息技术发展迅速,大数据、物联网、虚拟化、云计算、移动互联、万物互联、泛在接入等技术不断革新,日益成熟,有力推动着信息化发展,为高校实现高水平的信息化建设提供了技术上的可行性。

3. 学校及师生对信息化需求强烈

学校已确立到21世纪中叶建成世界一流大学的宏伟目标,世界一流大学必然是信息化一流的大学,这对信息化支撑保障能力提出了更高的要求;学校各单位正积极推动流程再造和流程优化,对学校信息化基础平台的服务能力提出明确需求;师生已具有较高的信息化素养,希望学校提供更加优质的信息化服务,对高水平的信息化应用需求强烈。

二、面对的挑战

1. 信息技术人才竞争激烈

当前互联网发展迅速,社会上对互联网人才尤其是高端人才需求旺盛、抢夺激烈,推高了信息技术人才待遇。学校难以吸引到高水平信息技术人才,存在"引不进、留不住"的困境,信息化发展的可持续性和高水平建设面临巨大困难。

2. 教育信息化产品成熟度不高、国产化不够

大量高水平信息技术人才和信息技术公司聚集到互联网行业,面向教育行业的软件公司水平普遍不高,服务能力弱,产品成熟度不高。国外高水平软件与国内高校实际需求存在差异,国产化、定制化不够。建设符合学校实际的高水平信息化应用存在严重挑战。

3. 网络与信息安全形势严峻

学校重要信息系统存储着学校重要信息及大量教职工敏感个人信息,确保学校网络信息安全是信息化建设的首要任务。网络攻击、网站篡改、信息窃取等仍然不断威胁着学校网络与信息安全,信息安全专业技术人员短缺,形势十分严峻。

4. 信息技术发展迅速,产品更新换代频繁

信息技术发展迅速,一方面为信息化建设不断提供新的技术,但另一方面,信息技术更新换代过快,信息化产品的开发成本增高,持续性发展的难度增大。

第三章 指导思想与目标

一、指导思想

以学校"十三五"事业发展规划为依归,建设安全、绿色、先进的"智慧校园",突出"以用户为中心"的理念,运用互联网思维建设推广各类信息化应用,让信息化贯穿一切管理和服务工作,推进信息技术与教育教学的深度融合,全面支持学校培养英才、提升科研效能和提高治理能力,助力学校综合实力显著提升,为学校建成世界一流大学提供坚强有力的信息化支撑。

二、建设原则

1. 统一规划,分步推进

做好"十三五"信息化发展规划的顶层设计,按部门和年度对任务进行分解,围绕学校中心工作,突出重点,务求实效,全面有序推进信息化工作。

2. 统筹建设,协作融合

加强信息化统筹工作,校园信息网络、数据中心等信息化基础设施实行统一集中建设。激发业务部门信息化建设积极性,打造信息化管理部门、技术支撑部门、职能部门和院(系)共同参与的信息化建设共同体,形成相互支持、团结协作、融合创新的良好局面。

3. 业务主导,开放共享

坚持以满足业务部门信息化及师生需求为导向,重要业务信息系统及其数据库建设以部门要求为主,并由业务部门在学校统一规划和统一标准下主导建设,推动"一切流程信息化,一切业务数据化"。建设全新的信息化生态系统,各重要业务信息系统遵循开放共享的原则,与学校综合信息系统进行深度集成,与其他各业务信息系统之间进行全面贯通,完成跨部门和跨系统的业务流程重组和优化。

4. 创新引领,绿色安全

在建设过程中,突出学校科技优势,鼓励创新,敢于尝试,在加强专家论证的前提下尽量采用有前景的新技术、新方法、新平台以及绿色信息技术设备。坚持信息安全是信息化建设第一要务,加强信息安全体系建设和信息化项目质量管理,提高系统和软件的可靠性、稳定性和安全性。

5. 用户为先,注重体验

在各类信息化项目建设和服务时,突出"以用户为中心"的理念,充分考虑不同类别人群需求,符合"移动互联网"发展潮流,强化用户体验,提高系统和软件的可用性和易用性。广泛征求师生意见,激发师生参与热情,凝聚"信息化建设为了师生,依靠师生,建设成果由师生共享"的共识。

三、建设目标

"十三五"信息化建设发展的总体目标是:建设安全、稳定、绿色的信息化基础设施和支持泛在学习的数字化教学与科研资源,利用"互联网+"实现"一站式"服务,建立大数据分析平台,通过"十个一"工程建设,最终建成全国一流的"智慧校园"。

"十个一"是指在技术上实现"全校一张网,基础一平台,网站一个群,数据一个库,集成一总线",在为师生服务上实现"上网一个号,信息一个站,消息一通道,校园一张卡,办事一张表"。

"全校一张网"是指校园内的计算机网、专用通信网、公用通信网由学校统一建设,理顺信息管网资源,提高网络质量。

"基础一平台"是指服务器、存储等信息化基础设施由学校集中建设,为学校各单位信息系统和网站提供稳定、可靠、灵活的信息化平台。

"网站一个群"是指学校统一建设网站群平台,为全校所有二级单位网站提供建设与运行服务,提高建站效率,减轻二级单位维护负担,确保网站的技术安全。

"数据一个库"是指学校所有基础数据统一纳入学校基础数据库管理,保证数据一致性,实现数据共享,同时集中全校各类管理服务数据,建立大数据分析平台。

"集成一总线"是指使用总线技术大力推进系统集成,将主要信息系统打通,结合学校流程再造要求,推进跨部门、跨系统的整合,彻底消除"信息孤岛"。

"上网一个号"是指建设统一身份认证系统,师生使用该系统提供的一个账号即可无缝漫游校内各个重要信息系统。

"信息一个站"是指建设 PC(Personal Computer,个人电脑)版和移动版信息门户,集中与师生个人相关的所有信息,实现"一站式"信息服务。

"消息一通道"是指通过建设"一条消息"工程,对校内各类消息实现集中管理和对师生的智能化、个性化推送。

"校园一张卡"是指师生可持校园卡在校园内完成电子身份认证和消费功能,最终实现"一卡在手,全校通用"。

"办事一张表"是指加强师生个人基础数据的采集与审核,建设"网上办事大厅",师生可通过在线填写表格,轻松完成大部分办事业务。

四、主要组成框架

信息化规划建设内容的组成框架示意图如图 1.2.1 所示。

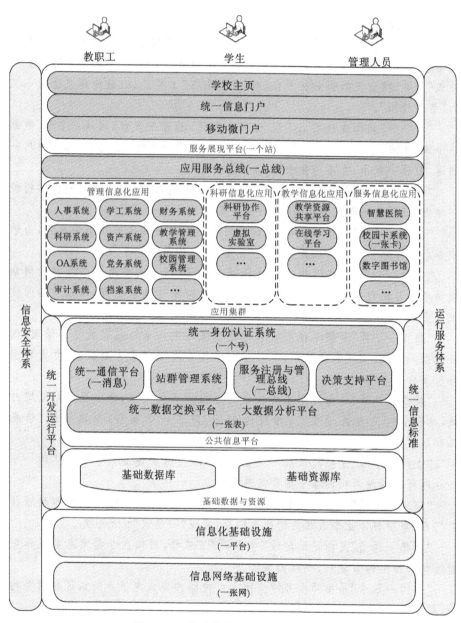

图 1.2.1　信息化规划组成框架示意图

第四章　主要任务

为保证实现目标,"十三五"期间的信息化建设主要围绕"十个一"工程、26项具体任务开展。

一、"全校一张网"工程

1. 校园地下信息管网建设

在学校统一地下管网规划下,启动校园信息网络地下管网规划和管道建设工作;制定校园信息网络管道使用和维护管理办法。在主干地下管道建成后,推动"一张网"工程建设,统一敷设主干光缆;逐步将现有校园计算机网、专用通信网和公用通信网迁移到主干光缆上;出台基础电信运营商租用校园光缆管理办法。对部分地下或楼内老化网络线路进行重新敷设。

2. 校园核心网络及出口建设

加强校园核心网建设,推动核心网络设备扩容和升级,增强核心网可靠性,核心设备可用率达到99.9%;继续实施校园网扁平化改造,对终端交换机陆续进行更新换代,确保接入网的质量,接入网可用率达到99%;对校园网出口进一步实施多元化策略,接入多家电信运营商;完成园网出口扩容,出口总带宽达到20 Gbps;在保证基本带宽的前提下,试行用户根据需要自行选择公网带宽套餐,满足不同用户多元化需求。

3. 校园无线网络覆盖

推进校园无线网全覆盖工程,公共区域(涉密区域除外)实现室内室外无线覆盖率达到100%;加强无线网络的管理,提高无线网质量,建设无线网智能监测系统,提高维修响应速度;促进无线网络和有线网络的统一身份认证,提高服务质量。探索与基础电信运营商的共享无线 AP 的合作模式,节省建设资源。

二、"基础一平台"工程

4. 数据中心建设

推动以"数据中心"为核心的信息化基础平台建设,进一步优化数据中心架构,提高各类资源虚拟化程度,以云计算技术为基础,逐步实现从 IaaS(Infrastructure as a Service,基础设施即服务)到 PaaS(Platform as a Service,平台即服务)的过渡;对核心数据中心和二级数据资源进行扩容,满足学校信息化建设需求;适时启动三级数据中心建设,满足师生个性化的信息资源需求。将数据中心建成学校的重要信息化基础平台。

5. 现代化绿色 IDC 机房建设

加强基础设施环境保障建设,建成现代化绿色 IDC(Internet Data Center,互联网数据中心)机房,机房面积达到2000平方米,将全校所有信息化核心设备集中到 IDC 机房;建设现代化的供配电、空调、消防、安防、监控、防雷、门禁、温湿度、网络等集约化保障环境。建设高性能计算中心或超级计算中心,为学校科研提供科学计算服务。

三、"网站一个群"工程

6. 网站群平台建设

建设三级网站群平台,节省学校网站建设成本,提高网站安全防护水平。将学校二级单位主网站根据不同安全需求,全部纳入相应网站群平台管理,提高网站安全性;网站群内网站实行统一快速开发,提高网站建设效率。逐步推行网站与信息系统分开建设和运行,具有业务管理或服务功能的信息系统从网站中剥离,独立建设或纳入学校统一的信息系统建设范畴。

7. 学校主页建设

修订学校主页建设管理办法,厘清各单位在学校中英文主页建设管理中的职责,确保主页可持续发展;参照世界一流大学主页风格,完成学校主页改版,从单一的新闻和信息等文字内容为主,升级为面向校内师生、未来学生、校友、合作者以及社会公众的学校形象展示和信息展现平台,把主页打造成学校的靓丽新名片。

8. 二级单位网站及专题网站建设

加强学校二级单位网站建设,将二级单位主网站纳入学校网站群平台中,规范建设流程,增强安全性,提高建设水平。推进院系英文网站建设。进一步支持学校特色网站的建设。继续加强微博、微信等新媒体管理,建立新媒体联盟,加大信息推广力度,扩大影响力。

四、"数据一个库"工程

9. 基础数据库建设

建设以学生信息库、人事信息库、教学信息库、科研信息库、设备资产信息库、房产家具信息库、财务信息库、校园管理信息库、师生健康信息库等为核心的学校基础数据库,实行学校基础数据的统一管理。实现基础数据通过数据交换与共享平台从各业务数据库到基础数据库的汇聚,以及从基础数据库向各业务数据的共享。建设基于基础数据库的各类报表、校情分析等综合性统计报表的自动生成系统。

10. 信息标准建设

参照国家和教育部有关标准,结合学校实际,制定学校信息标准;对于已经存在的数据,不符合国家和教育部标准的,按照标准更新或转换;无标准的制定学校标准。在制定学校标准过程中,已形成事实标准的,按事实标准制定;尚未使用的,重新制定标准。各系统在数据共享与交换时必须严格遵守标准。

11. 数据交换与共享平台建设

建设数据交换与共享平台,为各系统之间的数据交换提供服务,实现学校基础数据的自动推送与更新。为保证数据安全,各系统之间的数据共享原则上必须通过该平台进行,不再自行两两交换。

12. 数据治理

重视数据价值,推动数据治理工作;遵循数据标准,对数据进行清洗,确保数据质量,保证数据完全一致性;建立主数据模型,推动元数据管理。

13. 大数据分析平台建设

推进大数据分析平台建设,集中校内各级各类管理、服务等过程中产生的各类数据以及相关物联数据,集成互联网上与学校有关的各类数据与网络资源,建设大数据基础设施和分析平台;建立数据挖掘与预测模型,对学校日常运行、人才培养、科学研究等方面的数据从不同维度对数据进行挖掘,实现学生学业预警、学生失联预警、师生身体健康预警、生师比预警等预警功能,建立学生学业与职业发展分析模型、教师职业发展模型、学科发展模型等各类数据模型,用数据探究高等教育规律,为科学决策提供辅助支撑。

14. 教学信息化资源平台建设

推动教学信息化建设,引进国际一流成熟课程平台,拓宽课程授课时间和空间,推进课程资源上平台、师生交互进平台,力争课程上平台率超过90%;打造精品课程资源,主动参与Coursera、edX等国际著名慕课和中国大学MOOC(Massive Open Online Courses,大型开放式网络课程)、好大学在线、智慧树等国内著名慕课联盟;开展微课建设,推动学生利用碎片化时间学习。加快推进教学试卷、毕业设计等教学资料的数字化建设。

15. 数字图书馆建设

运用RFID(Radio Frequency Identification,射频识别,俗称电子标签)、物联网、云存储、大数据等新技术,进一步提高图书馆管理和服务水平,完善图书馆智能服务功能。建设基于RFID的智能化管理与服务系统、大数据应用与分析系统、图书馆数字化私有云平台、图书馆网络安全防护系统、远程灾备系统、移动图书馆、全景三维导航系统等。

16. 数字档案馆建设

加快档案信息化基础设施建设;稳步开展档案资源数字化;逐步实现公文办理和档案管理的规范化和一体化;开展电子文件与电子档案的规范化管理和在线接收;积极推进已公开档案和档案信息网上查询服务,全面提高档案利用的效率和质量,满足学校发展和校内外师生的档案利用需求。

五、"集成—总线"工程

17. 利用总线技术推进系统集成

加快推进信息系统集成,打通各重要信息系统,逐步消除"信息孤岛"。采用面向服务的架构(SOA,Service-Oriented Architecture),建设学校企业服务总线(ESB,Enterprise Services Bus),建立规范化的接口标准,各个系统的接口主要以 Web Services(网络服务)方式提供,所有服务实行集中管理和控制,确保学校统一信息门户、微门户、网上办事大厅、跨部门跨系统业务重组等系统及其他业务信息系统的正常调用。

18. 升级和完善业务信息系统

为顺利实现系统集成,升级和继续完善业务信息系统,保障业务信息系统既满足部门业务需求,又符合学校集成标准。

本科教育教学管理信息化。以 HUB 系统为基础,对本科教育教学管理系统进行扩展,完成从教学建设管理、教学运行管理、教学状态监测与评估、学籍管理、注册管理到教学研究管理的全过程管理;建设教师教学发展管理功能模块,建立教师教学电子档案;建设完善的教室管理系统,更新教室汇总信息大屏系统,在教室安装多功能显示系统和上课签到终端;建设人才培养及教学运行的分析平台,提供辅助决策功能。建设基于物联网的涵盖多媒体、教师用机、教学录像、上课签到、教室使用信息等的智慧教室。建设课外体育锻炼管理系统、体质测试与健康管理系统和体育竞赛管理系统。加强工程实训中心、计算机基础教学实验中心等实验教学平台的信息化建设。

研究生教育管理信息化。整合全日制和非全日制研究生业务流程,建设涵盖学位点、导师、招生、报到、学籍、教学、国际交流、奖助贷、学位、就业离校等各个环节的研究生教育管理系统。充分利用远程视频和移动客户端、大数据、云计算等技术,实现从管理到服务,从单纯业务处理到综合评价决策的转变。

科研管理与学科建设信息化。升级科研综合管理信息平台,实现科研项目从申请立项、合同签订、组织实施、验收结题的全过程管理,科研基地的立项建设、组织验收和评估考核等各环节的信息化,科技奖励、论文、专利等各类科技成果与知识产权的跟踪管理信息化。推进科研数据与学校基础数据及其他相关部门数据的共享,探索基于科研管理数据的大数据分析应用。建设学科建设信息管理系统、学科状态监测及分析系统,实现学科建设管理工作信息化。

设备与实验室管理信息化。建设从申购到采购、合同、验收、入账、变动、下账处置的全生命周期的设备综合管理信息平台;建成大型精密仪器设备共享服务平台,推广并稳定运行,同时健全设备效益考核评价体系,完善基金服务配套,提升设备使用效益;建设实验室建设与管理信息化平台和实验室安全管理信息化平台;初步建成数据分析和挖掘体系,利用实验室与设备管理的基础数据和业务数据进行分析统计,并为管理决策提供辅助。

财务、资产与审计工作信息化。继续完善数字化财务平台,进一步推广不等待报账应用;进一步扩展统一支付平台,增加移动支付功能。建设资产管理信息系统,实现资产管理业务归口、数据共享、管理精细化;实现与财政部等要求的上报系统以及校内的财务、设备等系统进行对接;建立以资产管理信息为基础,对资产进行综合管理与分析,实现对资产管理进行绩效考评的信息化管理平台。建设财务审计管理系统、财务审计业务系统、审计办公自动化系统,实现与财务、基建、总务部门的业务系统的对接。进一步完善捐赠基金项目管理系统,完成与财务系统的对接。

人事与群团工作信息化。进一步完善人事综合管理信息系统和人才招聘网,建设离退休管理系统、人才交流管理系统、劳动服务人才管理系统等,实现覆盖全校各类人才人事的全过程管理信息化;推进专业技术职务申报、专业技术职务评审等工作的网络化。推进教代会电子提案系统建设以及工会信息化工作。开展青年之声网络平台建设,开发大学生课外活动管理认证系统,建设青年新媒体网络平台矩阵。

学生工作信息化。建设和完善涵盖招生、思想教育、事务管理、资助、心理健康教育以及就业指导及服务等各环节全生命周期的本科生综合管理服务系统,优化各项工作业务流程,提高管理效率和指导服务水平;通过资源集中共享等建成数据分析体系,为人才培养改革提供支撑数据,提高决策的科学性和有效性。建设留学生、港澳台学生及远程继续类学生的管理平台。加强学生基本信息管理和注册管理系统建设。

校园管理信息化。继续完善修缮项目申报系统、修缮工程项目价格签证系统、修缮工程项目招投标平台以及树木构筑物信息管理系统等,建设后勤服务与保障管理信息平台、修缮工程管理信息平台、社区居民综合服务管理信息系统、水电节能监管平台和三维校园信息平台,提高校园管理智慧化水平。推进房产、家具、用具、装具等信息化工作。继续完善校园视频监控系统、校园机动车门禁系统、校园消防报警联网集中管理系统等系统。推进校园循环车信息化管理和体育场馆的信息化管理建设。

智慧校医院。持续完善和整合校医院现有的 HIS(Hospital Information System,医院信息系统)、PACS(Picture Archiving & Communication System,影像归档和通信系统)/RIS(Radiology Information System,放射科信息系统)、LIS(Laboratory Information System,检验信息系统)等系统;建设以结构化电子病历为中心的临床信息系统,辅以临床支持系统;建设医院综合运营管理系统 H-ERP(Hospital-Enterprise Resource Planning,医院资源计划);建设

校医院与师生员工关系管理系统,实现师生员工的健康档案电子化;推进医院内各系统之间数据的整合和共享,完善健康管理,通过动态连续的个人健康档案,建立健康服务及信息交互平台,开展动态式健康跟踪服务,提供个性化、系统化、亲情化、专业化健康管理服务,利用健康大数据提高为师生员工健康服务水平和为学校发展做医疗卫生方面的决策支持。

党务与行政办公信息化。推动组织、统战、宣传等党务工作的信息化;继续建设党员管理信息系统,加强统计分析功能,推动党员基本信息和发展信息与学校基础数据库之间的交换与共享。推进学校数字化图片、影像、新闻等宣传材料库建设。建设统战工作信息管理系统,完善统一战线成员信息数据库。继续完善学校 OA 系统(Office Automation,办公自动化),实现无纸化办公;实现 OA 系统与学校统一信息门户的深度集成,以及 OA 系统与数字档案系统的对接;建设无纸化会议系统;升级校区间视频会议系统。升级网络信息反馈平台,增加信访管理功能,与学校 OA 系统深度集成,实现同流程管理。进一步开发与维护校友综合信息管理平台(校友信息管理系统、SNS(Social Networking Services,社交网络服务)互动平台、APP 手机客户端等)。建设因公出国(境)审批系统,进一步完善国际交流管理平台。推进各类信息系统的中英文对照界面建设。推动机关部门的内部办公自动化。

19. 推进跨部门业务流程重组信息化

数字迎新。进一步完善面向本科生、研究生、留学生等各类学生的数字迎新系统,实现与宿管、注册、缴费、学工、教务、校园卡、校园网管理等系统的直接联动,减少手工操作;进一步梳理流程,推动界面改善和升级,提高用户体验;应用移动互联网、GPS(Global Positioning System,全球定位系统)、RFID 等新技术,开发手机 APP 或微信版程序,提高科技应用水平。

数字离校。建立为毕业生服务的数字离校系统,为毕业生设计网上离校流程,与宿管、图书管理、校园卡、财务、校医院大学生医保、注册、教务、研究生管理等系统的直接联动,完成网上离校。

教职工入校及离校。建设教职工数字入校系统,新进教职工在提交个人数据后,校园卡、上网账号、房屋手续等后台自动办理,为实现"一口受理,全程服务"提供技术支撑。建设教职工数字离校或退休系统。

根据业务发展需要,推动其他业务流程再造与优化的信息化工作。

六、"上网一个号"工程

20. 统一身份认证系统建设

建设统一身份认证系统,为校内重要信息系统提供身份认证服务;建设全校统一的身份、角色和岗位管理平台,建成全校身份数据的权威源,为各信息系统提供调用服务；师生凭统一的账号和口令，实现在校内重要信息系统之间的无缝漫游。

七、"信息一个站"工程

21. 统一信息门户建设

建设校园统一信息门户系统，集中发布学校各类重要通知、公文、校园活动、重要讲座等；集成师生个人个性化信息，师生登录后可查看与本人有关的基本信息、职称职务、政治面貌、教育经历、工作经历、出国(境)经历、国(境)外学习经历等人事信息，课表、成绩(录入)、教研项目、教学经历、导师等教学学习类信息，科研项目、论文、专利、成果等科研信息，工资、公积金、收入、经费等财务信息，水电、宿舍、校园卡等生活信息，以及其他相关信息。为师生提供"一站式"信息服务。

22. 校园微门户建设

适应移动互联网发展需要，使用微信企业号建设学校微门户。微门户作为统一信息门户和网上办事大厅在手机端的扩展，为师生提供校园资讯、通知公告、学校公文、OA系统、办事大厅、消息中心、应用中心等服务。应用中心采用"大市场、小应用"的原则为师生提供教学、学习、科研、财务、生活、校园卡等各类信息服务。原则上各业务信息系统不再建设为校内师生服务的独立的移动应用(手机APP、微信服务号等)。

八、"消息一通道"工程

23. 统一通讯平台建设

建设具备邮件、短信、微信、门户消息等集中管理功能的统一通讯平台，平台为校内各重要信息系统提供通信服务，管理人员可登录平台根据需要向不同人群发送信息；师生可登录平台订阅或退订消息，选择通知方式，查阅历史消息。原则上各系统不再独立建设短信平台等消息通道。

九、"校园一张卡"工程

24. 校园卡系统建设

继续开展校园卡系统二期及后续建设，新建校园卡子应用系统或完成与现有系统的对接，主要包括校车无线车载刷卡系统、学生宿舍门禁管理系统、办公楼门禁管理系统、移动支付与第三方充值系统、热水系统、开水系统、电控管理系统、洗衣机管理系统、校园卡报名缴费系统、会议签到系统、教室课堂签到系统、实验室及设备自主预约系统、图书馆及学习中心研讨室或座位预定系统、体育锻炼管理及学生体质健康标准测试管理系统、体育场馆管理系统、自助文印系统、机房管理系统及空中圈存系统等。

十、"办事一张表"工程

25. 网上办事大厅建设

建设服务流程综合化信息化平台,通过与校内重要业务信息系统的对接与集成,集中校内已有的各类网上办事应用,重新梳理或改造服务流程后新建部分网上办事应用,建成全校集中的"一站式"网上办事服务大厅。适应移动互联网发展,同时建设 PC 端和手机端应用。原则上,各部门不再独立建设网上办事服务系统。

26. 网上填表系统建设

基于学校基础数据库、公共信息系统及相关业务信息系统,建设网上填表系统,规范教职工和学生的基础数据的采集、审核和更新工作,师生基础信息"一次填写,多次使用"。在线办事填表时,基础信息自动填充,相关信息自动导入,轻松在线提交,审批流程在线查看,历史填表信息可汇总下载。

第五章 保障措施

规划重在落实和实施,必须做好规划的组织落实,同时,在安全、机制、队伍、经费和空间等方面予以保障。

一、组织实施

对信息化规划中的任务按部门和年度进行分解,明确职责,将规划执行情况列入单位年度考核要求。加强学校信息化建设总体领导和统筹。各二级单位明确信息化分管领导,设置信息化技术人员岗位,确保完成信息化相关任务。加强规划的执行检查、监督、总结和评估,根据实际情况及时修订规划。

二、条件保障

1. 安全保障

加强信息安全技术工作,保障信息化可持续发展。完善网络与信息技术安全制度与规范。巩固现有校园网安全防护体系,增加冗余保障,对学校核心设备和重要信息系统实行防护全覆盖;增加对各类重要网络/安全设备及网段的全面审计功能,建设可多维关联分析预警的网络与信息安全监控系统。提升现有安全防护体系的防护能力,使其能提供对 0 day 攻击的防御能力;安装高级安全监测分析设备,使其具备发现并抵御利用尚未公布漏洞实施的攻击和 APT(Advanced Persistent Threat,高级持续性威胁)攻击的能力。推进信息系统安全等级保护的定级、测评及整改工作。

推动软件产品正版化,确保信息安全。数据中心服务器的操作系统、数据库管理系统、中间件软件等基础软件继续使用正版,并购买原厂服务;学校集中采购桌面端的操作系统、办公软件、部分教学科研使用的软件等常用软件;

建设软件授权管理平台,做好软件升级及版本管理,确保师生便捷合理使用。

2. 机制保障

探索新型的信息化建设管理体制机制。成立网络安全和信息化领导小组和专家咨询组,加强对信息化建设的宏观指导和技术指导。探索校院两级CIO(Chief Information Officer,首席信息官)体制,职能部门、院系等二级单位配置信息化专职人员,提高信息资源调配和运用能力。加强项目专家论证,确保项目建设必要性和技术方案合理性、可行性。理顺信息化管理部门和信息中心的关系,实行"小管理,大服务"模式。规范项目申报和审批流程,建立信息化项目库制度。严格项目管理,加强项目的检查、评估和验收工作。加强各类信息化制度规范建设。加强用户培训工作和交流,确保各类项目顺利应用。

规范信息系统等软件采购及开发模式。鼓励采购成熟商业软件,或在软件产品的基础上为我校定制开发;在委托开发软件时,严格软件开发、测试、上线流程;做好软件源代码管理,加强软件上线后的维护工作;试行软件开发商入库制度,经认证入库的软件公司方有资格参与我校软件系统开发。组建开发者联盟,学校提供经费支持,加强技术培训和交流,提高技术部门和各部门技术人员的积极性和技术能力。与自主创新基金、大学生创新创业训练计划等项目相结合,吸引教师和优秀学生参与校内部分应用软件开发。加强信息化项目尤其是软件项目的前期调研、设计与论证工作,探索委托校内教师课题组参与前期工作的模式,提高项目的技术可行性和预算合理性。

创新运维服务模式。建设符合ITIL(Information Technology Infrastructure Library,信息技术基础架构库)标准的运维平台,提高运维质量;建立服务质量回馈与评价机制,提升服务质量;升级呼叫中心,整合服务资源,改善服务环境,推行服务标准化。建立以学校为主导,以购买社会信息化服务为补充的运行保障体系。

3. 队伍保障

为保障信息化可持续发展,集中建设三支信息化队伍。

一是技术管理队伍。负责信息化管理,主要在信息化管理部门。由学校负责建设。

二是技术开发和支持队伍。负责信息化建设、运维、支持和服务,主要在信息化技术支撑部门。该队伍分为两大部分,第一部分为具有事业编制的核心队伍,主要职责是负责学校核心网络建设管理,核心数据的管理,重要信息系统的需求分析、系统设计、割接上线、源代码管理等工作,负责对二级单位网站建设进行技术指导,规模约40人;第二部分是以社会用工方式聘用的人员和以购买服务方式驻校的外包人员,主要是负责软件的具体编码和维护等工作,规模约30人。该支队伍由学校重点建设。

三是技术应用队伍。该支队伍主要负责本单位业务梳理、需求分析、使用培训、用户反馈等,分布在全校各单位。在运行有学校重要信息系统、采用学校核心数据的机关部门设立网络安全与信息科,充实队伍,如党委办公室/校长办公室、人事部门、财务部门、科学技术发展部门、教务部门、实验室与设备管理部门、研究生管理部门、成人教育部门、图书馆等。该支队伍主要由各单位建设。

4. 经费保障

根据每年的信息化建设与运维需求,保障信息化经费。加强信息化经费的使用管理,实行三年滚动预算和项目库制。审批安排项目时,优先支持信息化规划中明确的建设内容,优先支持已纳入项目库中的项目;制定信息化经费管理办法,在购买运维服务、软件服务、外包人员服务、校内师生参与信息化项目建设等方面给予支持,确保信息化资金使用效益最大化。

5. 空间保障

为了保障网络安全和信息化发展,建议将数据中心和信息化大楼的建设纳入学校基建规划或者在新建的大楼中预留空间,将分散在校内的机房集中管理,降低安全风险。面积8000—10000平方米,其中网络与数据中心机房2000平方米、超算与大数据中心2000平方米、计算机开放实验室1000平方米、未来网络安全研究部门1500平方米、电源机房500平方米、办事大厅500平方米、办公室500平方米。

2

体制机制类

2.1 关于成立网络安全和信息化领导小组的通知

解析 成立学校网络安全和信息化领导小组是落实上级要求,推进学校网络安全和信息化建设的重要举措。领导小组组长一般由学校党委书记和校长担任,副组长由相关分管校领导担任。组长由"一把手"担任这是贯彻落实中央关于网络安全和信息化工作相关精神要求,同时,"一把手"担任组长也是推动学校网络安全和信息化工作的重要保障。由于领导小组是长期设置的机构,领导小组成员单位应列出具体部门,而不列具体人员姓名,避免因人员变动而更新文件(组长和副组长应列出姓名)。该文件应尽可能详细地描述领导小组的主要职责以及各成员单位的职责,明确领导小组职责可为领导小组召开会议、确定会议议题提供依据。笼统地列明成员单位名称而不列出其职责,容易造成职责不清,使文件流于形式,无法发挥其应有作用。

全校各单位:

因工作需要,经研究决定成立"网络安全和信息化领导小组"(以下简称"领导小组")。

领导小组负责统一领导、统一谋划、统一部署全校网络安全和信息化发展,统筹制定网络安全和信息化发展战略、宏观规划和重大政策,研究解决网络安全和信息化重要问题。

组长:校党委书记、校长。

副组长:分管信息化、宣传等工作的校领导。

成员:党委办公室、校长办公室、信息化管理部门、信息中心、宣传部门、人事部门、财务部门、保卫部门、发展改革部门、基建管理部门、总务部门、教务部门、研究生管理部门、学生工作部门、实验室与设备管理部门、科研管理部门、图书馆、成人教育管理部门等单位主要负责人。

领导小组成员单位职责如下。

信息化管理部门负责网络与信息技术安全,信息中心负责提供技术保障。

宣传部门负责网络与信息内容安全。

党委办公室、校长办公室负责协调相关单位参与信息安全应急响应和处置,负责网络安全和信息化有关保密工作以及信息化工作中商用密码的配备、使用管理。

人事部门负责支持建立网络安全和信息化专业队伍。

财务部门负责安排预算保障网络安全和信息化工作。

保卫部门负责网络与信息安全相关的保卫与消防工作。

发展改革与政策法规部门负责指导网络安全与信息化发展规划、政策和法规工作,处理相关涉法事务。

基建管理部门负责在校园规划及基础建设方面保障网络安全与信息化发展。

总务部门负责保障校园信息网络管道建设和运维。

教务部门、研究生管理部门、学生工作部门、成人教育管理部门负责相应管理教学和学生活动中的网络安全与信息化发展工作,并做好对学生的媒介素养和网络行为的宣传教育。

实验室与设备管理部门负责支持网络安全和信息化相关设备设施建设,并管理各实验室的网络安全与信息化发展工作。

科研管理部门负责管理科研活动和科研设施的网络安全与信息化发展工作。

图书馆负责图书馆的网络安全与信息化发展工作。

全校各单位根据本单位职责,做好网络安全与信息化发展相关工作。

领导小组下设办公室,办公室设在信息化管理部门,主任由信息化管理部门主任兼任,副主任分别由信息中心和宣传部门相关负责人兼任。

2.2 信息化管理工作条例

解析 信息化建设工作可分为管理和技术两个层面，这两个层面都需要进行顶层设计。信息化建设纲要和发展规划是综合管理和技术两个层面的顶层设计。成立网络安全和信息化领导小组、成立信息化管理办公室都是在践行管理层面的顶层设计，但这还不够，还必须对管理层面的顶层设计进一步细化，制定一个体制机制的顶层设计文件，即《信息化管理工作条例》。《信息化管理工作条例》可规定学校信息化建设的决策机制、管理机制、咨询机制、技术支持机制等工作机制，明确信息化管理部门、信息化技术支撑部门（信息中心）和全校各单位的职责、分工以及应承担的责任，尤其是明确全校各单位的网络安全和信息化建设的责任，规定各单位主要负责人是本单位网络安全和信息化工作的第一责任人，避免信息化部门在不具备管理、人员、资源等条件下"大包大揽"。科学的体制机制设计对于加快学校信息化建设，推动学校信息化可持续发展至关重要。为统一机构名称，本书中的"信息化管理部门"是指学校网络安全和信息化领导小组办公室、信息化管理办公室、网络与信息化办公室、信息化工作办公室、数据治理办公室等行使信息化管理职能的部门，而信息技术支撑机构，例如信息与网络中心、网络信息中心、现代教育技术中心等，统一表述为"信息中心"。其他相关职能部门以某某部门表示，在实际文件中以部门实际名称为准。

第一条 为理顺学校信息化管理体制，加快学校信息化进程，制定本条例。

第二条 建立科学有效的信息化管理体制和畅通的工作网络，形成信息化建设领导小组决策、信息化管理部门统一管理、信息化专家组指导、信息中心技术支持、全校各单位共建共享的信息化工作机制。

第三条 信息化建设领导小组研究、决策信息化工作重大事项。

第四条 信息化管理部门统一管理学校信息化工作。

信息化管理部门职能包括以下方面。

（1）组织编制信息化发展规划，制定信息化相关管理制度。

（2）负责信息化建设管理、项目管理、标准体系建设。

（3）负责信息化服务管理，开展信息化评价工作。

（4）负责信息安全管理工作。

(5) 负责信息分析研究及其他信息化相关工作。

第五条 信息化专家组为学校信息化建设提供技术咨询,增强决策的科学性。

第六条 信息中心负责学校信息化运行维护和技术服务。

信息中心职能包括以下方面。

(1) 校园计算机网络建设和运行维护管理。

(2) 学校信息化基础平台建设和运行维护管理。

(3) 学校信息系统的综合集成及安全管理。

(4) 学校基础数据库的建设管理。

(5) 信息安全技术支持与服务。

第七条 学校各单位与信息化相关的职能包括以下方面。

(1) 按照学校信息化规划和制度要求,负责本单位业务信息化建设管理工作。

(2) 设置本单位信息化建设管理机构或信息员岗位,保障本单位信息化工作。

(3) 负责本单位业务数据库建设管理工作。

(4) 负责本单位信息安全工作,单位主要负责人为第一责任人。

(5) 负责本单位信息系统的使用培训、应用推广和运行反馈。

第八条 设立信息化研究机构,开展信息化相关技术研究与开发,为学校信息化建设服务。

第九条 本条例自发布之日起施行,由信息化管理部门负责解释。

2.3 信息化技术架构建设条例

解析　《信息化技术架构建设条例》是践行技术层面顶层设计的重要文件,是对信息化建设技术路线的总规定,主要是解决技术上怎么建、应该遵守哪些原则的问题,包括学校信息化建设总体技术架构、技术平台和建设的主要内容,以及每项内容采取的技术路线、技术原则等,例如统一技术路线,可以规定管理信息系统是统一使用微软的.NET还是Java EE等;统一运行平台,可对运行平台规定统一使用哪种中间件平台和数据库管理系统;统一信息标准,可以规定采取哪种信息标准、制定信息标准的基本原则或实施信息标准的主要步骤;统一数据共享,可规定数据共享的基本方法和原则;统一身份认证,可规定统一身份认证的主要技术手段和接入原则等。由于该文件是技术路线的顶层文件,文件内容也该尽量简洁,主要规定大的方向和主要原则,不需要描述细节,具体技术细节在相应的各个子文件中进行描述和规定。《信息化技术架构建设条例》是未来学校建设各类硬件平台尤其是信息系统方案的主要依据,减少建设随意性,降低系统集成、数据共享等的复杂性和难度,好的技术架构建设条例文件可对未来信息化项目的立项、验收工作等提供重要保障,对提高信息化技术总体水平非常重要。

根据《信息化建设纲要》和《信息化管理工作条例》,制定本条例。

一、技术架构

学校信息化技术架构如图2.3.1所示。

校园信息网络为学校信息化建设提供基础网络服务,信息化基础平台通过云计算技术为学校信息化提供运行环境。

学校基础数据库包括人事、学生、财务、资产等基础数据,通过统一数据交换平台,实现数据共享和一致性管理。

统一开发运行平台,统一信息标准,建设各类业务信息系统及其业务数据库,实现教学、科研、管理和服务信息化。各业务信息系统通过服务总线实现信息集成;建设统一身份认证系统,实现用户统一管理和各应用信息系统之间的单点登录;建设统一信息门户,实现信息集中展现。

在信息化建设发展过程中,以数据库和电子资源为基础,形成学校大数据,通过建立大数据分析系统,为学校科学决策提供辅助。

构建一个反应迅速、协作高效的运行服务体系和可靠、稳定的信息安全体

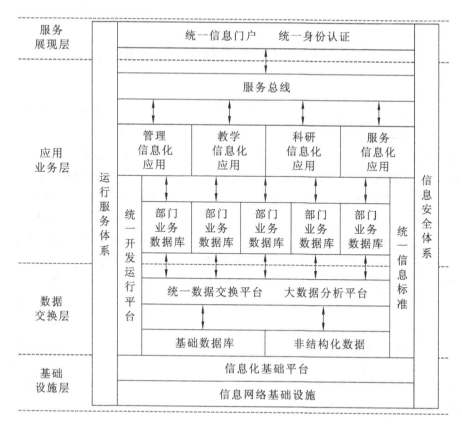

图 2.3.1　学校信息化技术架构

系,保障学校信息化建设顺利开展。

二、建设管理

1. 校园信息网络

校园信息网络为学校信息化提供基础网络服务,包括校园计算机网络、公用通信网络和专用通信网络。

校园信息网络及其管道由信息化管理部门统一规划管理。校园计算机网络由信息中心建设和运行维护管理;校园内公用通信网络分别由网络所属运营商依照国家法律法规和学校管理制度建设和运行维护管理;专用通信网络分别由校内相关网络建设单位建设和运行维护管理。信息网络管道由总务部门建设和运行维护管理。

2. 信息化基础平台

信息化基础平台通过云计算技术为学校基础数据库、公共服务信息系统、业务信息系统及其数据库等提供运行环境。

信息化基础平台由信息化管理部门统一规划,信息中心负责建设和运行维护管理。

3. 数据库

基础数据库为学校基础数据的集合;各部门业务数据库为本部门业务信息化所建立、管理和维护的数据库。

基础数据库由信息中心负责建设和运行维护管理,各部门业务数据库由部门自身建设和运行维护管理。

信息化管理部门根据业务归属,确定各基础数据的产生和维护部门,确认基础数据的权威性。各部门在本部门业务数据库中产生并实时维护基础数据,确保基础数据的准确性。信息中心负责将各相关业务数据库中的基础数据同步到基础数据库中,并实时更新,以确保基础数据库中基础数据的实时性。

4. 统一数据交换平台

统一数据交换平台支持各业务数据库与基础数据库之间完成数据交换和共享。

数据交换和共享包括两个方面:一是基础数据库从业务数据库中抽取汇集并更新基础数据;二是业务数据库根据需要向基础数据库申请使用数据。

各业务数据库之间不直接进行数据交换。业务数据库根据需要,按照"最少够用"原则向基础数据库申请使用其他相关数据,并同步更新,且对申请到的数据安全负责。

业务数据库与基础数据库之间的数据交换与共享如图 2.3.2 所示。

统一数据交换平台由信息中心负责建设和运行维护管理。

5. 信息系统

学校信息系统包括业务信息系统和公共服务信息系统。

业务信息系统是为实现部门业务信息化建设的系统,由相应的业务部门负责建设和运行维护管理。各业务信息系统使用各自部门业务数据库,并根据需要通过服务接口使用其他共享数据。

公共服务信息系统是为业务信息系统提供公共服务或综合应用的信息系统,主要包括统一身份认证系统、统一信息门户系统等,由信息中心负责建设和运行维护管理。

业务信息系统和公共服务信息系统运行在学校统一建设的信息化基础平台上。

6. 统一开发运行平台

开发运行平台包括应用软件所使用的程序语言及编程工具、软件生产运

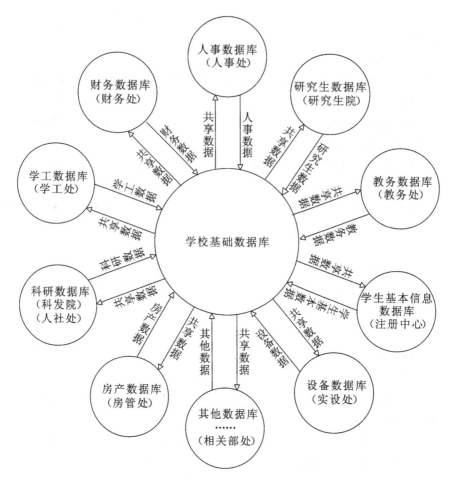

图 2.3.2　数据交换与共享

行的应用服务器软件平台及数据库管理系统等。

主要应用系统的开发、运行平台一般为 Java EE 平台，主要数据库使用 Oracle 数据库管理系统。

7. 统一信息标准

学校信息标准以国家相关信息标准为基础，结合学校实际制定。学校所有信息化建设必须遵循学校信息标准。

学校信息标准由信息化管理部门组织制定和发布，并根据实施情况进行周期性的修订和更新。

8. 统一身份认证

统一身份认证系统是基于基础数据库构建的全校性用户身份管理、用户信息管理和用户授权管理中心,实现用户统一管理和认证,用以保障学校信息资源的有序应用,保障学校信息资源和信息化服务的安全。

统一身份认证系统由信息中心负责建设和运行维护管理。

各业务部门按照信息中心制定的程序接口和技术规范,负责本业务信息系统接入统一身份认证系统。

9. 统一信息门户

统一信息门户将校内分散、异构的应用和信息资源进行聚合,通过统一访问入口,实现各种应用系统的无缝接入和集成,提供一个支持信息访问、传递和协作的集成化环境,实现个性化业务应用的高效开发、集成、部署与管理。它位于各类应用之上,是校园信息化最为主要的访问窗口,通过网页、桌面终端或移动终端方式向用户展现校园信息化的各类应用信息。

统一信息门户由信息中心负责建设和运行维护管理。

各业务部门按照信息中心制定的程序接口和技术规范,提供本业务信息系统相应的应用入口和接口,确保各应用系统信息内容与展示方式与信息门户一致。

10. 运行服务体系

信息系统运行服务体系主要包含运行管理和用户服务。其中,运行管理主要包括校园计算机网络、信息化基础平台和信息系统的软硬件维护、安全管理、配置变更发布管理以及培训管理等;用户服务主要包括针对全体用户的信息咨询、呼叫服务、在线自助服务、上门服务、技术支持、服务反馈跟踪以及使用培训等。

信息中心负责校园计算机网络、信息化基础平台和公共信息系统的运行服务;各单位负责本单位业务信息系统的运行服务。

11. 信息安全体系

信息安全体系包括规范信息系统安全机制的技术要求和规范信息系统中各种角色行为的管理要求,旨在提高信息系统安全保障工作能力和水平,维护公众利益和学校安全,促进信息化建设健康发展。

信息安全责任按照"谁主管、谁负责,谁运行、谁负责"的原则确定。

信息中心负责校园计算机网络、信息化基础平台、基础数据库、统一数据交换平台、公共服务信息系统的安全;负责运行在学校信息化基础平台上的业务信息系统的物理安全、网络安全、主机安全、数据库系统安全,并为相关业务部门提供数据备份与恢复等基本安全服务。

各单位负责本单位业务信息系统、业务数据库、程序代码、用户账号、信息内容和管理的安全,负责本单位信息化平台的安全。

3

信息标准与技术规范类

3.1 信息管理系统使用人员编号编码管理办法

解析　人员信息是高校最为重要的基础数据，几乎所有的系统都需要使用，需要被频繁地进行共享和交换。统一规范的人员编号编码是共享和交换的重要前提，因此，必须通过制定《信息管理系统使用人员编号编码管理办法》对人员编号编码进行规范。

该管理办法的核心有两个。一是明确人员编码规则。人员主要有两大类：教职工和学生。教职工主要分为在编人员、聘用人员等，类型比较复杂，需要在编码中予以区分；学生按层次分为研究生、本科生和专科生（或网络、继续教育类学生），每一类学生的编码应有区别。教职工和学生的编码长度可以不一致，但必须保证这两类人员的编码不会重复，因为很多系统的用户表是以教职工编号和学号为主关键字。二是明确编码责任。这是编码工作最难的地方。编码既是一种权利，更是一种责任。人员编码工作应由统一的牵头部门负责，例如信息化管理部门，由其对人员进行科学分类，确保无任何一类人员遗漏。但是，具体到每一类人员的编码应由管理该类人员的部门来负责编制，例如在编教职工的编码应由人事部门负责，学院聘用人员编码应由学院编制、学校人事部门审核，研究生编码应由研究生管理部门负责，本科生编码应由本科生管理部门负责，等等。各类人员经相关部门编码后进入业务系统库，再经过数据同步进入到学校基础数据库，从而形成全校的人员数据库。

人员编码是一个长期的持续性工作，很可能会存在遗留系统中的编码和新的编码管理办法规定的规则不同。对于这些由于历史原因造成的编码混乱的问题，必须根据新制定的文件逐步清理、分步解决，最终实现所有编码均为规范的编码。

第一条　为进一步推进学校信息化，加强对师生员工及其他各类人员基本信息的统一管理，结合学校实际情况，制定本管理办法。

第二条　本办法所指各类人员，主要包括：在学校学习、生活的各类人员，承担学校教学、科研、管理、服务任务的人员，应邀来校访问参观的人员，校友等。

第三条　在学校管理和服务信息化业务中，学校或来校各类人员均拥有1个由10位字母或数字构成的学校人员编号或临时人员编号。

教职工的人员编号一般也称教职工号；学生学员的人员编号一般也称学号。

第四条 为适应管理信息化需要,学校各类人员的类别代码如附件3.1.1"人员类别代码表"所定义。

第五条 学生学员的人员编号编码构成为

$$C_1 Y_1 Y_2 Y_3 Y_4 N_1 N_2 N_3 N_4 N_5$$

其中,C_1为学生学员类别代码,1位英文字母,按照附件3.1.2"学生学员类别代码表"编制;$Y_1 Y_2 Y_3 Y_4$为年份码,4位阿拉伯数字,代表学生学员到校开始学习的年份;$N_1 N_2 N_3 N_4 N_5$为流水号,5位阿拉伯数字或英文字母。

学生学员的人员编号由附件3.1.2"学生学员类别代码表"所列编码部门负责编制。

第六条 大学部教职工、人事部门审批的编制外用工人员、长短期访学交流人员的人员编号编码构成为

$$Y_1 Y_2 Y_3 Y_4 C_1 C_2 N_1 N_2 N_3 N_4$$

其中,$Y_1 Y_2 Y_3 Y_4$为年份码,4位阿拉伯数字,代表该人员学校人员编号的年份;$C_1 C_2$为人员属性码,2位阿拉伯数字,代表人员属性;$N_1 N_2 N_3 N_4$为流水号,4位阿拉伯数字。

人事部门负责按一定规则编制下列人员的人员编号:大学部在编在册教职工、离退休教职工及博士后,人事部门审批的编制外用工人员,人事部门批准的兼职教授等长、短期访学交流人员。

劳动服务部门负责编制集体所有制职工的人员编号,其中人员属性码首位C_1为"4"。

国际交流部门负责编制由其管理服务的长、短期访学交流人员的人员编号,其中人员属性码$C_1 C_2$为"79"。

第七条 附属医院职工、后勤产业编制外用工人员、其他暂时由具体用人单位编码的编制外用工人员、业务相关人员、来宾,以及其他人员的人员编号编码构成为

$$Y_1 Y_2 Y_3 Y_4 C_{1\text{-}3} N_{3\text{-}5}$$

其中,$Y_1 Y_2 Y_3 Y_4$为年份码,4位阿拉伯数字,代表编定该人员的人员编号的年份;$C_{1\text{-}3}$为人员类别子类代码,1—3位字母和阿拉伯数字,首位为字母,代表该人员的人员类别子类属性,按照附件3.1.3"人员类别子类代码表"编制;$N_{3\text{-}5}$为流水号,3—5位阿拉伯数字,具体长度视$C_{1\text{-}3}$所占长度而定,以保证人员编号长度为10位。

上述人员的人员编号按"应需编制"的原则编制。当相关人员有人员编号需求时,由附件3.1.3"人员类别子类代码表"所列编码部门负责为其编制人员编号。

第八条 已经编定人员编号的人员在学校内部调转,若其人员类别未发生变更,其人员编号不予变更;若人员类别发生变更,其原人员编号予以停用,重新编制新的人员编号。

第九条 在学校管理和服务信息化业务中,当需要对校友信息进行处理时,可使用校友在校期间最后使用的人员编号予以标识。

第十条 各类人员的个人信息采集和确认工作由为其编制人员编号的编码部门负责。

第十一条 本办法由信息化管理部门协同有关部门负责解释,自公布之日起实施。

附件:3.1.1 人员类别代码表
　　　3.1.2 学生学员类别代码表
　　　3.1.3 人员类别子类代码表

附件 3.1.1

人员类别代码表

人员类别代码	人员类别名称	说明
0	学生学员	各类学生、学员
1	大学部教职工	大学部在编在册教职工、集体所有制职工、离退休教职工及博士后
2	编制外用工人员	人事部门审批的编制外用工人员
3	长短期访学交流人员	经人事部门、国际交流部门批准的访学交流人员,包括但不限于兼职教授、客座教授、顾问教授、名誉教授等
4	附属医院职工	附属医院职工
5	后勤产业编制外用工人员	后勤部门、产业集团自行聘用的编制外用工人员
6	其他暂时由具体用人单位编码的编制外用工人员	校医院、附属中学、附属小学、附属幼儿园等自行聘用的编制外用工人员
7	业务相关人员	在我校有教学科研项目的校外人员,或可使用我校有关资源的校外人员
8	来宾	经学校有关部门提名认定的人员
9	其他人员	其他需在我校食堂搭伙消费的人员
A	校友	师生员工离开学校后,其身份类别转化为"校友"

附件 3.1.2

学生学员类别代码表

学生学员类别	学生学员类别代码	人员编号编码部门
普通本科生	U	学生工作部门
本科交流生	X	教务部门
本科辅修专业学生	F	教务部门
全日制硕士研究生	M	研究生管理部门
全日制博士研究生	D	研究生管理部门
非全日制硕士研究生	J	研究生管理部门
非全日制博士研究生	K	研究生管理部门
研究生进修生	Y	研究生管理部门
研究生交流生	G	研究生管理部门
成人教育学生	C	成人教育部门
网络教育学生	W	成人教育部门
高等职业教育学生	V	成人教育部门
自学考试学生	S	成人教育部门
培训学员	T	成人教育部门
外国留学生	I	国际教育部门

附件 3.1.3

人员类别子类代码表

人员类别	人员类别子类名称	人员类别子类代码	流水号长度	人员编号编码部门
附属医院职工	附属A医院职工	HA	4	A医院
附属医院职工	附属B医院职工	HB	4	B医院
附属医院职工	附属C医院职工	HC	4	C医院
后勤产业编制外用工人员	后勤部门所属机构自行聘用编制外用工人员	A_1	4	后勤部门
后勤产业编制外用工人员	分校区后勤公司所属机构自行聘用编制外用工人员	B_1	4	分校区后勤公司
后勤产业编制外用工人员	产业集团自行聘用编制外用工人员	A_2、B_2	4	产业集团

续表

人员类别	人员类别子类名称	人员类别子类代码	流水号长度	人员编号编码部门
其他暂时由具体用人单位编码的编制外用工人员	校医院聘用编制外用工人员	A_3	4	校医院
	分校区职工医院聘用编制外用工人员	B_3	4	分校区职工医院
	附属中学聘用编制外用工人员	A_{41}	3	附属中学
	分校区附属中学聘用编制外用工人员	B_{41}	3	分校区附属中学
	附属小学聘用编制外用工人员	A_{42}	3	附属小学
	分校区附属小学聘用编制外用工人员	B_{42}	3	分校区附属小学
	附属幼儿园聘用编制外用工人员	A_{43}	3	附属幼儿园
	分校区附属幼儿园聘用编制外用工人员	B_{43}	3	分校区附属幼儿园
业务相关人员	科研合作(不含国防类、文科类)人员	G_{10}	3	科学技术发展部门
	文科类科研合作人员	G_{11}	3	人文社会科学部门
	国防科研合作人员	G_{12}	3	先进技术与装备研究院
	承担有关本科课程教学或指导人员	G_{21}	3	教务部门
	承担有关研究生课程教学或指导人员	G_{22}	3	研究生管理部门
	承担有关远程教育、继续教育课程教学或指导人员	G_{23}	3	成人教育部门
	使用图书馆资源人员	G_3	4	图书馆
	使用体育场所资源人员	G_4	4	体育部
来宾		V	5	学校管理部门
其他人员		C	5	后勤部门
		D	5	分校区后勤部门
校友		X	5	校友工作及对外联络部门

注:本表人员类别子类有所增删调整时,适时予以修订发布。

3.2 内设组织机构代码管理办法

解析 和人员编码类似,组织机构编码也是学校非常重要的基础数据之一。由于组织机构相对固定,组织机构编码比人员编码相对简单。其编码规则要对组织机构进行分类,考虑实体机构、虚体机构、挂靠机构、合署办公机构等之间的区别和联系,明确二级机构和三级机构之间的编码关系,明确机构设立、撤销、变更、合并等机构编码的处置原则等。组织机构的分工较为明确,一般应由组织机构编制管理部门(一般为学校编制委员会办公室)负责。机构的编码与机构的异动关联非常紧密,应由机构编制管理部门负责,信息化管理部门作为信息标准规则的制定者与数据共享的执行者,应尽量避免直接进行编码。

第一条 为规范学校内设组织机构代码信息管理工作,推进学校信息化建设,根据《信息化管理工作条例》《信息化技术架构建设条例》和《基础数据库建设与使用管理办法》等文件,结合信息化工作实际,制定本办法。

第二条 本办法所称内设组织机构,是指学校党委常委会批准设立的学校内设二级组织机构(以下简称"二级机构"),以及二级机构根据自身工作需要在内部设立的三级组织机构(以下简称"三级机构")。

本办法所称组织机构代码,是指根据我校组织机构代码编制规则编制,赋予每一个组织机构在全校范围内唯一的、排他的、始终不变的标识码。

第三条 二级机构及三级机构名称、编码等信息是学校的重要基础数据和学校基础数据库的重要组成部分。组织机构代码及相关信息遵循"规则统一、编码唯一、信息规范"的原则,按照学校组织机构代码编制规则和信息标准进行编制,学校各单位统一使用。

第四条 信息化管理部门负责制定组织机构代码编码规则,协调组织机构代码的使用与管理工作。

第五条 机构编制委员会部门作为组织机构代码归口管理部门,负责二级机构及三级机构代码编码信息的产生和维护,并同步到学校基础数据库中。

二级机构代码由机构编制委员会部门根据学校相关文件进行编制。三级机构代码由机构编制委员会部门根据二级机构提供的三级机构相关信息进行编制。

第六条 信息中心负责制定组织机构信息标准及具体实施工作。

第七条 学校各单位负责落实本单位主管的管理信息系统使用统一的组织机构代码。

第八条 组织机构变更名称时,其组织机构代码不予调整。

组织机构合署办公的,保留各自组织机构代码;组织机构合并时,属于吸收合并的,可以沿用参与合并的某原组织机构的代码;属于新设合并的,可以编制新的组织机构代码。

第九条 组织机构撤销建制时,由机构编制委员会部门注销该组织机构的代码。代码一经注销,不得重新赋予其他组织机构。

第十条 其他具有独立法人资格的单位,因学校信息化管理需要,需对该单位及其内设机构进行编码时,机构编制委员会部门可参照本办法对其编制校内统一使用的组织机构代码。

第十一条 本办法由信息化管理部门负责解释,自公布之日起施行。

附件:3.2.1 组织机构代码编制规则
   3.2.2 组织机构信息标准

附件3.2.1

组织机构代码编制规则

一、适用范围

本规则规定了全校各级内设组织机构代码的编码方法,使全校各内设组织机构均获得一个唯一的、始终不变的代码,以适应学校信息化管理需要。

本规则适用于全校各内设组织机构代码的编制、信息处理和信息交换。

二、代码的结构和表示形式

1. 二级机构

二级机构代码码长为五位,由0—9的数字或A—Z的大写英文字母组成,表示形式为:$X_1X_2X_3X_4X_5$,其中,X为数字或大写英文字母。

二级机构包括:

(1) 各学院(系、所)、直属单位、附属单位、产业后勤等学校二级单位;

(2) 校机关部门;

(3) 由学校党委常委会批准设立的其他内设组织机构;

(4) 参照学校二级单位管理的单位。

2. 三级机构

三级机构代码码长为八位,由0—9的数字或A—Z的大写英文字母组成,表示形式为:$X_1X_2X_3X_4X_5N_1N_2N_3$,其中,X为数字或大写英文字母,N为数字。$X_1X_2X_3X_4X_5$为该三级机构所属的二级机构代码,$N_1N_2N_3$为三级机构流水号。为便于管理,三级机构分区段编码。

$X_1X_2X_3X_4X_5001—X_1X_2X_3X_4X_5099$:管理、服务类机构。

$X_1X_2X_3X_4X_5101—X_1X_2X_3X_4X_5999$:教学、科研、医疗类机构。

附件 3.2.2

组织机构信息标准

一、组织机构信息标准规范

组织机构信息权威来源为机构编制委员会部门。本信息标准参考了国标GB/T 1.1—2009和教育部行业标准JY/T 1007—2012,并结合学校实际情况制定。

二、组织机构信息标准实施范围

学校新建信息化项目,参照本标准设计相关数据结构;学校基础数据库严格按照信息标准保存、接收、推送组织机构数据。

三、组织机构信息标准内容

（一）基本信息

组织机构基本信息表名为JC_ZZJG,包括的具体数据项如下表所示。

数据项名	中文名	类型	长度	主键	可否为空	备注
DWDM	单位代码	C	10	是	否	
DWMC	单位名称	C	100		否	
DWJC	单位简称	C	100		是	
DWYWMC	单位英文名称	C	200		是	
DWYWJC	单位英文简称	C	200		是	
DWDZ	单位地址	C	200		是	
DWCC	单位层次	N	1		是	
SSDWDM	所属单位代码	C	10		是	
SSXQDM	所属校区代码	C	1		是	参考代码表 DM_XQ
DWFZRGH	单位负责人工号	C	10		是	
DWLBM	单位类别码	C	1		是	参考代码表 DM_DWLB
DWLXM	单位类型码	C	1		是	参考代码表 DM_DWLX
DWBBM	单位办别码	C	1		是	参考代码表 DM_DWBB
SFSTDW	是否实体单位	C	1		是	1是,0否
SFSY	是否使用	C	1		否	1是,0否

续表

数据项名	中文名	类型	长度	主键	可否为空	备注
CLRQ	成立日期	C	8		是	日期格式 YYYYMMDD
CLPZWH	成立批准文号	C	50		是	
CXRQ	撤销日期	C	8		是	日期格式 YYYYMMDD
CXPZWH	撤销批准文号	C	50		是	
BZ	备注	C	500		是	

（二）代码信息

组织机构相关代码表包括以下代码。

1. 校区代码

校区代码表名为 DM_XQ，具体代码如下。

校区代码	校区名称
1	主校区
2	分校区
3	A 医院
4	B 医院
5	C 医院
9	教学站点

2. 单位类别代码

单位类别代码表名为 DM_DWLB，具体代码如下。

类别代码	类别名称
1	院系所
2	教辅机构
3	校机关
4	直属机构
5	附属机构
6	附属医院

3. 单位类型代码

单位类型代码表名为 DM_DWLX,具体代码如下。

类型代码	类型名称
1	独立
2	挂靠
3	合署
9	其他

4. 单位办别代码

单位办别代码表名为 DM_DWBB,具体代码如下。

办别代码	办别名称
1	直属
2	中外合作办
3	校企合办
4	民办
9	其他

3.3 附属医院机构代码及所属人员编码方案

解析 附属医院作为大学的重要附属机构,医院及其学生、职工和大学在教学、科研、人事、财务等方面都有较为紧密的联系,附属医院职工需要使用学校相关信息系统办理相关事务、访问学校电子资源等,因此,必须对医院及其学生、职工进行编码。附属医院作为机构可参照学校二级机构编码规则进行编码。附属医院学生可按照普通学生的编码规则进行编码。附属医院教职工人员类型复杂,包括正式编制、合同制及其他类型职工,其中正式编制职工有的同时具有大学教学科研身份和医院医疗人员身份,这批人应纳入到学校统一的人员编码规则中进行编码。为了保障学校网络安全和学校资源的合理使用,附属医院有些职工与大学没有人事关系,也没有教学科研等联系,则不需要编码。因此,附属医院的职工编码特殊之处在于不应全员编码。编码原则确定后,编码的流程也需要进行科学合理的控制,并建立审核流程,既要保证学校的网络安全和资源的合理有序使用,也要确保编码的便利性,方便附属医院自行编码或提交大学人事部门高效编码。同时要考虑人员信息的数据共享,防止多头编码。

为保障学校附属医院相关人员使用学校教学、科研、财务等信息系统,需对附属医院机构及其相关人员进行编码,经研究,方案如下。

一、编排依据

根据《内设组织机构代码管理办法》和学校公布的附属医院(共 10 个单位)排序,对附属医院的机构代码集中编排。根据《信息管理系统使用人员编号编码管理办法》,对附属医院相关人员编码。

二、附属医院机构代码及其相关人员编码规则

附属医院机构代码及其相关人员编码规则如下表所示。

序号	附属医院名称	机构代码	人员编码规则	备注
1	A 医院	53000	yyyyHAnnnn	
2	B 医院	54000	yyyyHBnnnn	
3	C 医院	55000	yyyyHCnnnn	

续表

序号	附属医院名称	机构代码	人员编码规则	备注
4	D医院	56000	yyyyHDnnnn	
5	E医院	57000	yyyyHEnnnn	
6	F医院	58000	yyyyHFnnnn	
7	G医院	59000	yyyyHGnnnn	
8	H医院	5A000	yyyyHHnnnn	
9	I医院	5B000	yyyyHInnnn	
10	J医院	5C000	yyyyHJnnnn	

注：人员编码规则中，1—4位yyyy表示人员入职年份；5—6位为医院标识位；7—10位nnnn为医院内人员流水号。

三、机构人员编码管理模式

（1）附属医院相关人员的编码是其使用学校信息系统的唯一标识，不承载与学校人事（劳动）关系等属性。所涉人员仅限各附属医院中与大学有教学、科研、财务等工作关系的职工。

（2）人员编码按需编制，不得全员编码，编码具有唯一性和连续性。

（3）附属医院负责选派专门人员从事其相关人员编码、信息审核、录入、维护等操作。学校教学、科研、财务等相关职能部门根据附属医院在大学的业务关系负责审核附属医院应编码人员的范围，学校人事部门负责编制各附属医院机构编码和审核人员编码的规范性。

四、数据同步共享方案

为确保全校编码的一致性，附属医院的机构及人员编码由人事系统产生，通过学校基础数据库和数据共享平台与教务、科研、财务等各信息系统的数据同步共享，各业务系统不得对附属医院及其人员进行编码。

4 网络安全类

4.1 网络与信息技术安全管理办法

解析 《网络与信息技术安全管理办法》是根据上级部门有关文件规定制定的,也是学校网络安全的总体文件。该办法主要包括管理体制和责任、校园网、数据中心、应用系统、互联网站、监测与处置、保障措施、责任追究等几个部分。管理体制和责任明确了网络安全和信息化领导小组、信息化管理部门、信息中心以及各单位的网络安全责任,明确了"谁主管谁负责、谁运维谁负责、谁使用谁负责"的总体原则,责任体系的建立和完善对于网络安全工作的落实及责任追究具有十分重要的作用;校园网、数据中心、应用系统、互联网站四部分明确四大类重要信息化设施的网络安全基本原则,例如在"校园网"一章,明确了学校各单位在校园内不得擅自通过社会网络资源接入互联网,从而确保校园网安全。由于篇幅所限,本办法只能规定基本的原则,具体实施措施和操作细则还需要根据此文件另行制定。本办法仅规范网络安全技术相关的行为和活动,不涉及网络意识形态、网络舆情等安全相关的内容,该类内容的管理办法需由学校意识形态管理部门另行制定。

第一章 总则

第一条 为做好我校网络与信息技术安全工作,提高网络与信息技术安全防护能力和水平,保障我校各项事业健康有序发展,根据《教育部关于加强教育行业网络与信息安全工作的指导意见》《教育部关于进一步加强直属高校直属单位信息技术安全工作的通知》等文件,结合学校实际,制定本办法。

第二条 本办法所称网络与信息技术安全工作,是指对于由校内单位建设或管理,服务于我校教学、科研或管理的校园信息网络、数据中心、应用系统和互联网站,为防止发生网络攻击、信息破坏、有害程序入侵、信息化设备设施故障等发生而开展的预防和防御工作。

第三条 学校按照国家有关网络安全和信息化政策法规,制定网络与信息技术安全总体规划,加强安全管理与技术研究,建立完善相关规章制度,并在实际工作中予以落实。

第二章 管理体制与责任

第四条 学校成立党委书记、校长任组长，分管信息化、宣传、学校管理部门工作的校领导任副组长的网络安全和信息化领导小组，负责统一领导、统一谋划、统一部署全校网络安全和信息化发展，统筹制定网络安全和信息化发展战略、宏观规划和重大政策，研究解决网络安全和信息化重要问题。

第五条 信息化管理部门是网络安全和信息化领导小组常设办事机构，负责网络与信息技术安全管理与监督工作。

信息中心是网络与信息安全技术支撑单位，负责学校网络与信息安全防护体系的建设与运行维护，负责为全校各单位网络与信息技术安全工作提供技术指导与服务支持。

第六条 学校二级单位和机关部门是本单位网络安全和信息化工作的责任主体，各单位主要负责人是本单位网络安全和信息化工作第一责任人，负责按本办法落实网络与信息技术安全工作，推进本单位信息化发展。

各单位应明确指定本单位各应用系统和互联网站的运行维护责任人，并将责任人名单报备信息化管理部门，人员变动时应及时调整并报备。

第七条 按照"谁主管谁负责、谁运维谁负责、谁使用谁负责"的原则，全校各单位及全体师生员工应依照本办法及其相关标准规范履行网络与信息技术安全的义务和责任。

第三章 校园信息网络建设管理

第八条 校园信息网络包括校园计算机网络、公用通信网络和专用通信网络，统一归口信息化管理部门管理。

第九条 校园信息网络管道由信息化管理部门负责需求制定和使用管理；校园规划管理部门和建设部门负责在学校地下管网统一管理的原则下，进行规划、建设和运行维护。

第十条 校园计算机网络包括校园有线网络和无线网络，涉及光缆、网络机房、网络设备、域名管理、安全防护、认证计费、网络接入与运维等，由信息中心负责建设和运行维护管理。

网络接入单位负责提供本单位所需的网络设备间和电源保障，协助解决网络布线和设备安装所需空间，负责安防和消防安全管理。

第十一条 校园计算机网络接入互联网遵循"统一出口、统一管理"的规定，由信息中心负责实施。学校各单位在校园内不得擅自通过社会网络资源接入互联网。

第十二条 师生员工接入校园计算机网络,实行实名注册、认证上网的制度。网络接入实名制由信息中心负责实施。

第十三条 学校所有基建、修缮工程应将工程范围内校园计算机网络建设纳入工程设计、实施和竣工验收范畴。

第十四条 严禁任何单位和个人利用校园计算机网络及其网络设施开展经营活动。

第四章 数据中心建设管理

第十五条 数据中心主要包括支撑各类应用系统运行的软硬件基础设施、学校基础数据库、统一数据交换平台、统一身份认证系统及统一信息门户。信息中心负责数据中心的建设和运行维护管理。

第十六条 信息中心负责数据中心的物理安全、网络安全和主机安全。数据中心的资源使用单位负责所使用的操作系统、业务数据库系统、应用系统和数据的安全。

第十七条 信息中心负责学校基础数据库和统一数据交换平台的建设和安全管理,负责各单位业务数据库与基础数据库之间完成数据交换和共享。

各单位负责建设、维护本单位业务应用系统所配套的业务数据库;对本单位业务数据库的系统安全、数据安全及所申请的共享数据的安全负责。

第十八条 统一身份认证系统为校内信息系统提供统一的身份管理、安全的认证机制、审计及标准接口。校内各单位建设面向师生服务的应用系统时,应与统一身份认证系统进行认证集成并备案系统信息。

信息中心负责统一身份认证系统的安全,各单位负责本单位应用系统的权限管理及安全。

第十九条 全校各单位应依托校内数据中心实施本单位信息化建设(包括建设应用系统或互联网站),需要使用校外数据中心的须报信息化管理部门审批;严禁使用设置在境外的数据中心。涉及学校基础数据、师生个人信息或敏感信息的应用系统和互联网站,严禁放置在校外数据中心(含云计算平台)。

第二十条 信息中心对学校数据中心的使用实施准入管理。

信息中心负责制定使用数据中心的技术规范和标准,在系统上线前进行安全检测。符合技术规范标准并检测通过的系统方可上线运行。

第二十一条 各数据中心的使用单位应做好以下工作。

(1)遵循数据中心相关管理制度和技术标准,按需申请、有序使用。

(2)规范本单位数据中心资源的使用和管理,不得利用数据中心资源从事任何与申请项目无关或危害计算机信息系统安全的活动。

第五章 应用系统建设管理

第二十二条 鼓励优先采购安全、成熟和售后服务优良的商业软件或优秀软件开发商用于应用系统建设。

没有相应商业软件,或商业软件不适应我校实际需求的,可以按照学校采购与招标相关办法委托资质和信誉良好的软件开发商进行开发。

对于业务管理部门具有应用系统开发维护能力并能够保证其信息安全的,可在学校顶层设计和软硬件配置框架内自行组织开发。

第二十三条 软件的采购、开发与维护管理。

业务管理部门根据本部门业务需要撰写需求分析报告,明确详细的功能和性能需求。

信息中心负责软件所需的数据中心资源,包括硬件、运行平台软件和基础数据等,协助制定技术方案。

信息化管理部门组织对技术方案进行论证和审批,并确定拟建应用系统信息安全保护等级;应用系统按照相应等级的规范要求进行建设。

对于购买商业软件或委托软件开发的,业务管理部门根据论证和审批通过后的方案,按照学校采购与招标相关办法进行采购。

业务管理部门为应用系统的主管部门,应指定专门人员负责系统的建设、运行维护和安全管理,组织软件提供商并会同信息中心制定应用系统运维和安全管理方案。应用系统原则上由业务管理部门运维,特殊情况可委托信息中心运维。

第二十四条 应用系统移动客户端软件视同为应用系统,参照第二十三条执行。

第二十五条 应用系统投入试运行后,由业务管理部门初步验收,出具初步验收报告,并向信息化管理部门申请开展信息安全保护等级测评。

信息化管理部门组织开展信息安全保护等级测评,形成测评报告;该报告为应用系统竣工验收的重要内容。

应用系统由信息化管理部门组织竣工验收。

第六章 互联网站建设管理

第二十六条 学校各单位设立互联网站,应使用学校互联网络域名或学校互联网 IP 地址,并遵守《互联网站管理办法》及相关规章制度。

第二十七条 各单位设立互联网站,可基于学校网站群平台建设,也可委托软件开发商建设;各单位应按信息安全保护等级的相应规范落实信息安全防护。

学校网站群平台由信息中心统一建设,其技术安全由信息中心负责;运行在网站群平台上的网站的内容安全由网站主办者负责。

未运行在学校网站群平台的网站,网站主办者对其技术和内容安全负责。

第二十八条　各互联网站的主管单位应建立网站应急值守制度,规范应急处置流程,由专人对网站进行监测,发现网站运行异常及时处置。

对于使用频度不大、阶段性使用的网站,可采取非工作时间或寒暑假、节假日关闭的方式运行。

第七章　监测与处置

第二十九条　我校各应用系统和互联网站,由信息化管理部门按照国家信息安全等级保护制度要求确定安全保护等级,由信息中心按相关规定对信息安全等级状况开展等级评测。

经评测,信息安全状况未达到安全保护等级要求的,应用系统或互联网站的主管单位应制定整改方案并落实到位。

第三十条　各单位定期对本单位应用系统、互联网站安全状况、安全保护制度及措施的落实情况进行自查,并配合有关部门的信息安全检查、信息内容检查、保密检查与审批等工作。

第三十一条　各单位应按照我校信息技术安全事件报告与处置流程,做好事发紧急报告与处置、事中情况报告与处置和事后整改报告与处置工作。

第三十二条　各单位应建立本单位信息安全值守制度,做到安全事件早发现、早报告、早控制、早解决。各单位应建立健全本单位安全事件应急处置机制,制定安全事件应急预案,定期组织应急演练。

第三十三条　信息化管理部门联合相关单位对全校各单位网络与信息技术安全工作落实情况进行检查,对发现的问题下达限期整改通知书,对网络与信息技术安全事件进行调查处理。

第八章　保障措施

第三十四条　学校保障网络安全与信息化发展所需的人员编制,采取有效措施建立高水平的网络与信息技术安全管理专职队伍和技术支撑专业队伍。

第三十五条　学校保障网络安全与信息化发展的经费投入和物理空间需求。

第三十六条　学校切实开展人员培训和安全教育工作。各单位制定网络与信息安全教育培训规划,开展面向全员的普及型培训和宣传教育,提高安全和防范意识,培养良好的媒介素养和规范的网络行为。信息中心组织开展信息化管理和技术人员专业培训,逐步实行信息化管理和技术人员持证上岗。

第三十七条 学校建立完善的网络与信息技术安全工作检查考核、责任追究和倒查机制。网络与信息安全工作为各单位领导班子和领导干部目标管理、业绩评定、年度考核、奖励惩部门和干部选拔任用的重要内容和依据。

第九章 责任追究

第三十八条 有关单位在收到网络与信息技术安全限期整改通知书后,整改不力的,学校给予通报批评;玩忽职守、失职渎职造成严重后果的,依纪依法追究相关人员的责任。

第三十九条 各单位应按照信息技术安全事件报告与处置流程及时、如实地报告和妥善处置信息技术安全事件。如有瞒报、缓报、处置和整改不力等情况,由信息化管理部门联合纪检、监察部门对相关单位进行约谈或通报。

第四十条 师生员工违反网络与信息安全相关管理规定,造成不良后果时,视情节轻重,分别由教职工人事管理部门或学生管理部门按相关规定给予批评教育或纪律部门分;触犯法律时,由相关国家机关依法追究法律责任。

第十章 附则

第四十一条 对于涉及国家秘密的信息系统,按照国家保密工作部门的相关规定和标准进行保护,接受党委保密委员会部门监督指导。

第四十二条 紧急情况下,经学校网络安全和信息化领导小组批准,信息中心等单位可以采取特别措施以维护学校网络与信息安全。

本办法自发布之日起实施,由信息化管理部门负责解释。学校此前发布的管理规定,凡与本办法不一致的,按本办法执行。

4.2 信息技术安全事件报告与处置流程

解析 一旦发生网络与信息技术安全事件,规范高效的报告与处置流程就十分重要,本文件是根据上级文件要求以及学校《网络与信息技术安全管理办法》制定的报告与处置流程文件。对信息技术安全事件必须要有明确的等级划分,正确的等级划分是正确处置的基础。对于特别重大事件(Ⅰ级)、重大事件(Ⅱ级)、较大事件(Ⅲ级)要实行严格的报告制度。文件明确了事发紧急报告与处置、事中情况报告与处置、事后整改报告与处置的流程和具体要求,报告内容通过表格模板形式固定下来,以方便二级单位向上报告。《信息技术安全事件报告与处置流程》主要是明确事件处置流程,为了能全面妥善应对网络安全事件,还应制定《网络安全事件应急预案》,并根据预案进行演练,确保学校具有良好的安全事件应急处置能力。

为加强学校信息技术安全工作,及时掌握和处置信息技术安全事件,协调相关力量做好应急响应处理,降低安全事件带来的损失与影响,维护正常工作秩序和营造健康的网络环境,根据教育部关于加强直属单位信息技术安全工作以及信息技术安全事件报告与处置流程的相关文件和学校的《网络与信息技术安全管理办法》,结合学校实际,制定本流程。

第一章 总则

第一条 信息技术安全事件的定义。根据《信息安全事件分类分级指南》(GB/Z 20986—2007,以下简称《指南》,摘录部分见附件 4.2.1),本流程中所称的信息技术安全事件(以下简称安全事件)是指除信息内容安全事件以外的有害程序事件、网络攻击事件、信息破坏事件、设备设施故障、灾害事件和其他信息安全事件,详见附件 4.2.1。

第二条 适用范围。本流程适用于我校各单位发生的信息技术安全事件的报告与处置工作。涉及信息内容安全事件的报告与处置工作按其相关规定执行。

第二章 安全事件等级划分与判定

第三条 安全事件等级划分。根据《指南》,将安全事件划分为四个等级:特别重大事件(Ⅰ级)、重大事件(Ⅱ级)、较大事件(Ⅲ级)和一般事件(Ⅳ级),详见附件4.2.1。

第四条 安全事件判定。我校各单位一旦发生安全事件,应根据《指南》,视信息系统重要程度、损失情况以及对工作和社会造成的影响迅速自主判定安全事件等级。信息化管理部门在接到报告后,根据事件情况,进一步做出判定。必要时,信息化管理部门组织专家组进行判定或报告学校网络安全和信息化领导小组判定。

第三章 安全事件的报告与处置

第五条 Ⅰ至Ⅲ级信息安全事件的报告与处置。报告与处置分为三个步骤:事发紧急报告与处置、事中情况报告与处置和事后整改报告与处置。

(一)事发紧急报告与处置

(1)网络与信息系统运维操作人员一旦发现上述安全事件,应根据实际情况第一时间采取断网等有效措施进行处置,将损害和影响降到最小范围,保留现场,并报告本单位安全责任人和主要负责人。

(2)本单位安全责任人接到报告后,应立即组织相关人员赶赴现场进行紧急处置,同时以口头通信的方式将相关情况通报至信息化管理部门,并书面记录安全事件发现过程及口头汇报过程。涉及人为主观破坏事件应同时报告学校保卫部门。

(3)信息化管理部门接到报告后,应做好书面记录,并进一步判定安全事件等级,对确认属Ⅰ至Ⅲ级安全事件的,应报告网络安全和信息化领导小组相关领导。

(4)紧急报告内容包括:①时间地点;②简要经过;③事件类型与分级;④影响范围;⑤危害程度;⑥初步原因分析;⑦已采取的应急措施。

(5)对确认属Ⅰ至Ⅲ级安全事件的,信息化管理部门应立即组织相关技术力量赶赴现场进行协助处置工作。

涉及人为主观破坏事件的,学校保卫部门应组织人员赴现场协助处置,并协助公安机关做好相关取证和处置工作。

(6)各单位应及时跟进事件发展情况,出现新的重大情况应及时补报。

(二)事中情况报告与处置

(1)事中情况报告应在安全事件发现后6小时内以书面报告的形式进行报送,报送内容和格式见附件4.2.2。

(2)事中情况报告由单位安全负责人组织编写,由本单位主要负责人审核后,签字并加盖公章报送信息化管理部门。

涉及人为主观破坏事件的,事中情况报告应抄送给保卫部门。

(3)安全事件的事中处置包括:及时掌握损失情况,查找和分析事件原因,修复系统漏洞,恢复系统服务,尽可能减少安全事件对正常工作带来的影响。如果涉及人为主观破坏的安全事件应由保卫部门联系、配合公安部门和学校保卫部门开展调查。

(三)事后整改报告与处置

(1)事后整改报告应在安全事件处置完毕后4个工作日内以书面报告的形式进行报送,报送内容和格式见附件4.2.3。

(2)事后情况报告由单位安全负责人组织编写,由本单位主要负责人审核后,签字并加盖公章报送信息化管理部门。

(3)安全事件事后处置包括:进一步总结事件教训,研判安全现状、排查安全隐患,进一步加强制度建设,提升安全防护能力。如涉及人为主观破坏的安全事件应继续配合公安部门和学校保卫部门开展调查。

第六条 一般安全事件(Ⅳ级)报告与处置。各单位发生一般安全事件,应及时、自主组织应急处置工作;需要信息化管理部门协助的,联系信息化管理部门予以协助。在事件处置完毕后6天内向信息化管理部门报送整改报告,报告内容和格式见附件4.2.3。

第七条 预警类信息的报告与处置。

各单位要按时、按要求完成国家、地方有关信息安全部门以及学校信息化管理部门等部门通报的预警类信息的处置工作,并按要求形成书面报告,报送信息化管理部门。

第四章 配套制度与问责

第八条 人事变更报告。为保障联络通畅,各单位的信息技术安全工作主管领导、联络员、联络方式发生变更的,应及时向信息化管理部门报备。

第九条 相关配套机制。各单位应根据实际建立本单位的值守制度,做到安全事件早预警、早发现、早报告、早控制、早解决。各单位应建立健全本单位安全事件应急处置机制,制定安全事件应急预案,定期组织应急演练。

第十条 问责制度。各单位应按照流程及时、如实地报告和妥善处置安全事件。如有瞒报、缓报、处置和整改不力等情况,网络与信息化管理部门将对相关单位进行约谈或通报;情况严重的,根据《网络与信息技术安全管理办法》的责任追究条款问责处理。

第十一条 整改落实机制。发生Ⅰ至Ⅲ级安全事件后,要认真做好整改落实工作,坚持做到事故原因不查清不放过、整改措施未落实不放过、责任人员未受到教育或处理不放过,尽力杜绝类似事件再次发生。

第五章 附则

第十二条 本流程自发布之日起施行,由信息化管理部门负责解释。

附件:4.2.1 信息技术安全事件分类与等级划分

4.2.2 信息技术安全事件情况报告

4.2.3 信息技术安全事件整改报告

附件4.2.1

信息技术安全事件分类与等级划分

《信息安全事件分类分级指南》(GB/Z 20986—2007)根据信息技术安全事件的起因、表现、结果等,将信息技术安全事件分为有害程序事件、网络攻击事件、信息破坏事件、设备设施故障、灾害事件和其他信息安全事件6个基本分类,每个基本分类分别包括若干个子类;根据信息系统重要程度、系统损失和社会影响,将信息技术安全事件划分为4个等级。

一、信息技术安全事件分类

1. 有害程序事件

有害程序事件是指蓄意制造、传播有害程序,或是因受到有害程序的影响而导致的信息安全事件。有害程序事件包括计算机病毒事件、蠕虫事件、特洛伊木马事件、僵尸网络事件、混合攻击程序事件、网页内嵌恶意代码事件和其他有害程序事件等7个子类。

2. 网络攻击事件

网络攻击事件是指通过网络或其他技术手段,利用信息系统的配置缺陷、协议缺陷、程序缺陷或使用暴力攻击对信息系统实施攻击,并造成信息系统异常或对信息系统当前运行造成潜在危害的信息安全事件。网络攻击事件包括拒绝服务攻击事件、后门攻击事件、漏洞攻击事件、网络扫描窃听事件、网络钓鱼事件、干扰事件和其他网络攻击事件等7个子类。

3. 信息破坏事件

信息破坏事件是指通过网络或其他技术手段,造成信息系统中的信息被篡改、假冒、泄露、窃取等而导致的信息安全事件。信息破坏事件包括信息篡改事件、信息假冒事件、信息泄露事件、信息窃取事件、信息丢失事件和其他信息破坏事件等6个子类。

4. 设备设施故障

设备设施故障是指由于信息系统自身故障或外围保障设施故障而导致的信息安全事件,以及人为的使用非技术手段有意或无意的造成信息系统破坏而导致的信息安全事件。设备设施故障包括软硬件自身故障、外围保障设施故障、人为破坏事故和其他设备设施故障等 4 个子类。

5. 灾害性事件

灾害性事件是指由于不可抗力对信息系统造成物理破坏而导致的信息安全事件。灾害性事件包括水灾、台风、地震、雷击、坍塌、火灾、恐怖袭击、战争等导致的信息安全事件。

6. 其他事件

其他事件是指不能归为以上基本分类的信息技术安全事件。

二、信息技术安全事件等级划分

1. 特别重大事件(Ⅰ级)

特别重大事件是指能够导致特别严重影响或破坏的信息安全事件,包括以下情况:

(1) 会使特别重要信息系统遭受特别严重的系统损失;

(2) 产生特别重大的社会影响。

2. 重大事件(Ⅱ级)

重大事件是指能够导致严重影响或破坏的信息安全事件,包括以下情况:

(1) 会使特别重要信息系统遭受严重的系统损失,或使重要信息系统遭受特别严重的系统损失;

(2) 产生的重大的社会影响。

3. 较大事件(Ⅲ级)

较大事件是指能够导致较严重影响或破坏的信息安全事件,包括以下情况:

(1) 会使特别重要信息系统遭受较大的系统损失,或使重要信息系统遭受严重的系统损失、一般信息信息系统遭受特别严重的系统损失;

(2) 产生较大的社会影响。

4. 一般事件(Ⅳ级)

一般事件是指不满足以上条件的信息安全事件,包括以下情况:

(1) 会使特别重要信息系统遭受较小的系统损失,或使重要信息系统遭受较大的系统损失,一般信息系统遭受严重或严重以下级别的系统损失;

(2) 产生一般的社会影响。

附件 4.2.2

信息技术安全事件情况报告

单位名称：　　　　（公章）　　事发时间：　年　月　日　时　分

联系人姓名		移动电话	
		电子邮箱	

事件分类	☐ 有害程序事件　☐ 网络攻击事件 ☐ 信息破坏事件　☐ 设备设施故障 ☐ 灾害事件　　　☐ 其他
事件分级	☐ Ⅰ级　☐ Ⅱ级　☐ Ⅲ级　☐ Ⅳ级
事件概况	
信息系统基本情况（如涉及请填写）	1. 系统名称：_____ 2. 系统网址和IP地址：_____ 3. 系统主管单位/部门：_____ 4. 系统运维单位/部门：_____ 5. 系统使用单位/部门：_____ 6. 系统主要用途：_____ _____ 7. 是否定级　☐是　☐否，所定级别：_____ 8. 是否备案　☐是　☐否，备案号：_____ 9. 是否测评　☐是　☐否 10. 是否整改　☐是　☐否
事件发现与处置的简要经过	
事件初步估计的危害和影响	

续表

事件原因 初步分析	
已采取的 应急措施	
是否需要 应急支援 及需支援 事项	
安全负责 人意见	签名：　　　　　　　　　　　　　　年　月　日
主要负责 人意见	签名：　　　　　　　　　　　　　　年　月　日

附件 4.2.3

信息技术安全事件整改报告

单位名称：　　　　　　（公章）　　报告时间：　　年　　月　　日

联系人姓名		移动电话	
		电子邮箱	

事件分类	☐ 有害程序事件　☐ 网络攻击事件 ☐ 信息破坏事件　☐ 设备设施故障 ☐ 灾害事件　　　☐ 其他
事件分级	☐ Ⅰ级　☐ Ⅱ级　☐ Ⅲ级　☐ Ⅳ级
事件概况	
信息系统的基本情况（如涉及请填写）	1. 系统名称：_____ 2. 系统网址和 IP 地址：_____ 3. 系统主管单位/部门：_____ 4. 系统运维单位/部门：_____ 5. 系统使用单位/部门：_____ 6. 系统主要用途：_____ _____ 7. 是否定级　☐是　☐否，所定级别：_____ 8. 是否备案　☐是　☐否，备案号：_____ 9. 是否测评　☐是　☐否 10. 是否整改　☐是　☐否
事件发生的最终判定原因（可加页附文字、图片以及其他文件）	

续表

事件的影响与恢复情况	
事件的安全整改措施	
存在问题及建议	
安全负责人意见	签名：　　　　　　　　　　　　　　　年　月　日
主要负责人意见	签名：　　　　　　　　　　　　　　　年　月　日

4.3 信息技术安全漏洞整改流程

解析 信息技术安全漏洞是网站和信息系统的最大安全隐患,往往是黑客攻击的突破口。必须对安全漏洞进行规范且严格的管理,在信息系统上线前发现的漏洞要及时解决,漏洞解决后方可上线,从而避免系统"带病上线";在信息系统运行过程中发现漏洞应该及时整改,避免"带病运行",从而彻底消除安全漏洞带来的隐患。本文件明确了漏洞整改的责任体系。漏洞整改不是信息技术部门独自承担的职责,信息系统的建设和管理部门(业务部门或院系)对本单位建设开发的网站和信息系统存在的安全漏洞均有责任进行整改,对于未按要求及时整改且造成严重后果的,应进行责任追究。文件对信息技术安全漏洞进行了定义和等级划分。安全漏洞分为低危、中危、高危和超危,不同等级的安全漏洞整改要求不同,高危和超危的漏洞隐患大,整改的时间和力度要求也高。文件明确了安全漏洞发现的方式和来源,明确了根据安全漏洞等级如何落实整改的机制,以及如何进行整改结果验证等工作。在现实中,经常存在业务部门以系统需求紧急,必须马上上线,否则影响业务开展为由,不配合进行漏洞的整改工作。此时,信息中心应坚持原则,为部门提供好服务工作,合力将漏洞整改完成后再上线。如果实在无法完成则必须由相关领导签字审批同意并且愿意为此承担责任后才能上线;否则,一旦开了先河,该文件将失去权威,工作将更加难以落实。

第一条 为加强我校网络信息技术安全保障能力,规范信息技术安全漏洞整改流程,降低网络安全风险,维护正常工作秩序和营造健康的网络环境,根据《中华人民共和国网络安全法》和教育部有关网络安全的文件精神,结合学校实际,制定本流程。

第二条 信息技术安全漏洞的定义。根据《信息安全技术 安全漏洞等级划分指南》(GB/T 30279-2013,以下简称《指南》,摘录部分见附件4.3.1),本流程中所称的信息技术安全漏洞(以下简称信息安全漏洞)是指计算机信息系统在需求、设计、实现、配置、运行等过程中,有意或无意产生的缺陷。这些缺陷以不同形式存在于计算机信息系统的各个层次和环节之中,一旦被恶意主体所利用,会对计算机信息系统的安全造成损害,从而影响计算机信息系统的正常运行。

第三条 适用范围。本流程适用于我校各类网站、信息系统(包含承载其运行的服务器操作系统、中间件软件和数据库管理系统等)以及网络交换机、网络路由器、服务器、网络打印机、视频监控、大屏发布等其他计算机信息系统(以下均统称为信息系统)信息安全漏洞的发现、处置与整改。

第四条　责任体系。根据《中华人民共和国网络安全法》第二十五条要求,网络运营者应当及时处置系统漏洞、计算机病毒、网络攻击、网络侵入等安全风险。

信息化管理部门负责学校各类信息安全漏洞的通知、应急处置和整改督促等。

信息中心负责学校核心数据中心内的虚拟服务器的操作系统、中间件系统和数据库系统级别信息安全漏洞技术处置,负责学校网站群平台的操作系统及平台级信息安全漏洞的处置,校内其他各系统信息安全漏洞的扫描和技术支持。

学校各单位负责本单位所管理的各类信息系统的信息安全漏洞自查、堵塞整改、复查复测和处置情况报告等。

第五条　信息安全漏洞等级划分。根据《指南》,信息安全漏洞等级划分要素包括访问路径、利用复杂度和影响程度三方面。根据危害程度从低至高,将信息安全漏洞划分为四个等级,依次为低危、中危、高危和超危。

根据相关机构或相关安全软件有明确定义安全等级的漏洞按照其标准确定等级;没有明确级别的,信息中心安全管理员负责对信息安全漏洞的危险等级进行评估,确定漏洞的危害等级。对不同等级的信息安全漏洞,将采取不同的处置措施。

第六条　信息安全漏洞发现。学校信息安全漏洞主要包含:①上级有关部门或其他机构通报的信息安全漏洞;②学校通过网络安全扫描发现的信息安全漏洞;③信息系统管理员自己发现的信息安全漏洞。

第七条　超危与高危信息安全漏洞的处置。对于超危和高危信息安全漏洞,信息中心应立刻采取断网措施,根据信息系统的登记备案信息,向信息系统责任单位发出《信息安全漏洞整改通知》(以下简称整改通知)。

第八条　中危与低危信息安全漏洞的处置。对于中危和低危信息安全漏洞,信息中心发送电子邮件并电话通知责任单位进行整改,限定十个工作日内完成整改。单位整改完成后直接通过邮件回复信息中心要求重新扫描,信息中心对整改结果进行检查,确认单位是否已完成整改。对于未按期完成整改的单位,采取断网措施,同时向责任单位发出整改通知。

第九条　信息安全漏洞整改。信息系统责任单位收到整改通知后,可根据实际情况直接整改,或指定信息系统负责人完成整改。整改完成后,填写

《信息安全漏洞整改报告》(以下简称整改报告)。整改报告的主要内容包括：信息系统基本信息、漏洞说明、整改情况说明、整改结果及单位审核,具体内容和格式见附件4.3.2。整改报告由本单位主要负责人审核,签字并加盖公章后报送信息化管理部门。

  第十条 整改落实机制。各单位收到整改通知后,要认真做好整改工作,坚持做到查清信息安全漏洞原因、按时整改,尽力杜绝类似信息安全漏洞再次发生。

  第十一条 整改结果验证。责任单位提交整改报告后,信息中心对信息系统进行整改结果检测,确认整改完成后才能开放网络连接。

  第十二条 人事变更报告。为保障联络通畅,各单位分管信息化负责人、信息化联络员、信息系统负责人、联络方式等发生变更的,应及时向信息化管理部门报备。

  第十三条 责任追究。各单位应按照流程及时地完成信息安全漏洞整改。如有接到整改通知后不整改或整改不力等情况的,信息化管理部门将进行通报;情节严重的,根据《网络与信息技术安全管理办法》的责任追究条款问责处理。

  第十四条 本流程自发布之日起施行,由信息化管理部门负责解释。

  附件:4.3.1 信息技术安全漏洞等级划分指南
     4.3.2 信息安全漏洞整改报告

附件 4.3.1

信息安全技术 安全漏洞等级划分指南

  《信息安全技术 安全漏洞等级划分指南》(GB/T 30279-2013)规定了信息系统安全漏洞(简称安全漏洞)的等级划分要素和危害程度级别。

一、安全漏洞等级划分要素

  安全漏洞等级划分要素包括访问路径、利用复杂度和影响程度三方面。

  访问路径的赋值包括本地、邻接和远程,通常可被远程利用的安全漏洞危害程度高于可被邻接利用的安全漏洞,可本地利用的安全漏洞次之。

  利用复杂度的赋值包括简单和复杂,通常利用复杂度为简单的安全漏洞危害程度高。

  影响程度的赋值包括完全、部分、轻微和无,通常影响程度为完全的安全漏洞危害程度高于影响程度为部分的安全漏洞,影响程度为轻微的安全漏洞次之,影响程度为无的安全漏洞可被忽略。影响程度的赋值由安全漏洞对目标的保密性、完整性和可用性三个方面的影响共同导出。

二、安全漏洞等级划分

安全漏洞的危害程度从低至高依次为低危、中危、高危和超危,具体危害等级划分方法见表 4.3.1。

表 4.3.1 安全漏洞危害等级划分表

序号	访问路径	利用复杂度	影响程度	安全漏洞等级
1	远程	简单	完全	超危
2	远程	简单	部分	高危
3	远程	复杂	完全	高危
4	邻接	简单	完全	高危
5	邻接	复杂	完全	高危
6	本地	简单	完全	高危
7	远程	简单	轻微	中危
8	远程	复杂	部分	中危
9	邻接	简单	部分	中危
10	本地	简单	部分	中危
11	本地	复杂	完全	中危
12	远程	复杂	轻微	低危
13	邻接	简单	轻微	低危
14	邻接	复杂	部分	低危
15	邻接	复杂	轻微	低危
16	本地	简单	轻微	低危
17	本地	复杂	部分	低危
18	本地	复杂	轻微	低危

附件 4.3.2

信息安全漏洞整改报告

单位名称		整改通知编号	
网站/系统名称		域名	
IP 地址			
漏洞说明			
整改情况说明			
整改结果	□整改完成　□部分整改完成　□未完成		
备注	如未完全整改或有其他说明,请在此备注。		
单位审核	单位主要负责人(签字): 　　　　　　　　　　　　　　　　　　日期: 　　　　　　　　　　　　　　　　　(单位公章)		

5 项目与经费管理类

5.1 信息化项目管理办法

解析 信息化项目管理是信息化统筹建设的重要抓手,是信息化管理工作的核心,必须制定相应的项目管理办法来规范项目的申报、立项、检查、验收等过程。项目管理办法应与项目经费管理办法相配套,主要说明信息化项目遴选的基本原则、申报流程、建设流程、验收要求等,要能够实现对信息化项目的全生命周期的管理,对于保障信息化项目质量、提高学校信息化建设水平起到重要促进作用。信息化项目管理方法的基本原则可参见《高校信息化建设与管理——管理篇》中相关章节。本文件制定于2015年,随着信息化工作地不断推进,学校信息化项目管理也越来越规范,不断出现新的要求和措施,需要根据形势发展对该办法进一步丰富和完善,新的项目管理办法正在制定中。

第一条 为加强学校信息化建设统筹规划与规范管理,确保建设工作协调有序开展,提高信息化建设水平,根据《信息化建设纲要》和《信息化管理工作条例》,制定本办法。

第二条 本办法所称信息化项目,主要是指校园信息网络、大型管理信息系统、基础数据库、网络与信息安全保障体系、我校信息化标准体系、信息化相关支撑体系和基础平台等建设项目。本办法适用于使用我校信息化建设经费的信息化项目。

第三条 信息化管理部门负责学校信息化发展规划的编制和信息化项目的审批,会同相关部门对信息化项目实施监督管理。

第四条 学校机关部门、二级单位按照学校信息化发展规划和《信息化技术架构建设条例》,根据本单位业务范围及其信息化需要,研究提出信息化项目建设申请,拟订项目建设方案。信息化项目涉及多个单位共建的,由相关单位协商确定牵头单位,由牵头单位提出项目建设申请。

对于已列入学校信息化发展规划的项目,信息化管理部门按照学校信息化发展规划所定建设进度审批;确需提前实施的项目,委托信息化专家组或有关咨询机构评估后,按"急用先上"的原则审批。

对于未列入学校信息化发展规划的项目,由项目申请单位编制信息化项目需求分析报告,明确建设目标与功能定位;信息化管理部门委托信息化专家组或有关咨询机构对项目需求分析报告论证评审后予以审批。

涉及国家秘密的信息化项目,项目申请单位应当同步制定安全保密方案,报校保密单位审批同意后再行申报。

第五条 批准立项的信息化项目,其申请单位为项目建设单位。

项目建设单位负责组织信息化项目的设计、建设和运行维护,对信息化项目的建设质量、投资效益和运维管理负责。

第六条 项目建设单位应加强信息化项目的组织保障工作,坚持单位主要负责人负责制,建立健全项目管理责任制,并严格执行政府采购、工程监理、合同管理等制度。

第七条 项目建设单位应根据国家关于信息安全等级保护和涉密信息系统分级保护的有关规定,加强信息化项目的信息安全工作。

项目建设单位应在信息化项目的需求分析报告和建设方案中,同步落实等级保护和分级保护的相关要求,形成与业务应用紧密结合、技术上自主可控的信息安全解决方案;项目建设中应切实落实有关信息安全解决方案,完成相关的建设内容;信息化项目建设任务完成后试运行期间,应组织开展信息安全风险评估工作。

第八条 信息化项目的建设经费应严格遵守财务和审计相关管理规定,履行规定的审批程序。

第九条 信息化项目验收包括初步验收和竣工验收两个阶段。

初步验收由项目建设单位按照学校有关文件实施。

竣工验收由信息化管理部门组织专家组或委托相关机构进行。竣工验收内容包括:对信息化项目预期目标实现情况、建设过程、项目投资效益、作用和影响等进行综合评估和评价。竣工验收结论及时反馈给项目建设单位,以利于项目建设单位对出现的问题及时进行整改。

第十条 信息化项目的运行管理实行项目建设单位负责制。项目建设单位应制定和完善相应的管理制度,加强日常运行和维护管理,落实运行维护费用。

第十一条 项目建设单位应在信息化项目的申报审批、建设实施和运行管理等过程中,做好档案建设工作。

第十二条 信息化项目形成的全部工作成果及相关知识产权(包括但不限于专利申请权、专利权、非专利技术的使用权和转让权、著作权或版权以及其他成果权),除有特殊约定外,归学校所有。

第十三条 对违反本办法相关规定,或因管理不善、弄虚作假,造成严重超概算、质量低劣、损失浪费、安全事故或其他责任事故的单位,予以全校通报批评;情节严重者,对负有直接责任的主管人员和其他责任人员依规依法予以处理。

第十四条 本办法自公布之日起实施,由学校信息化管理部门负责解释。

5.2 信息化经费管理办法

解析 信息化经费是信息化建设的重要资源,必须规范管理。《信息化经费管理办法》是信息化经费管理的重要依据,是保障学校信息化经费使用效率的重要手段,是落实《信息化项目管理办法》的重要文件。该办法首先要定义信息化经费的来源、分类、开支范围等,明确经费责任体系,明确经费的申请、审批、使用、回收、调剂、评估与监督等流程。由于信息化经费与信息化项目紧密联系,必须明确信息化经费与信息化项目论证、项目验收之间的关系。

第一条 为规范和加强我校信息化经费管理,提高经费使用效益,根据《信息化建设纲要》《"十三五"信息化发展规划》和《信息化项目管理办法》及学校相关财务规章制度,特制定本办法。

第二条 信息化经费。信息化经费是指经学校批准列入学校预算的用于学校信息化建设、运维和管理的经费(以下简称"经费")。经费主要来源于"校园信息化建设校银合作项目"资金或其他国拨和校拨资金。信息化经费的主管部门是信息化管理部门。

第三条 管理原则。经费的使用遵循"统一管理、专款专用、管用分离、各负其责"原则。经费由信息化管理部门统一管理,并根据本办法下拨给申请单位使用。除必要的信息管理工作经费外,信息化管理部门不直接使用信息化经费。

第四条 责任体系。网络安全和信息化领导小组负责学校信息化年度建设目标、任务和预算的审定;信息化管理部门负责拟定学校信息化年度建设目标、任务和预算方案;信息化管理部门对经费负分配责任和监督责任;使用单位对经费的使用负直接责任,对经费的使用进度和效益负责。

第五条 经费预算。校内相关单位集中向信息化管理部门报送信息化需求及经费预算,由信息化管理部门统筹全校需求后统一向学校申请预算。为保证信息化建设可持续性和预算合理性,编制三年滚动预算,同时建立信息化项目库,预算支持的项目原则上从项目库中遴选。

第六条 经费分类。信息化经费一般分为人员费用、业务费用、信息化建设项目专项经费三大类。人员费用是指学校层面用于支付技术开发、运行维护等社会用工类人员的费用;业务费用是指维持学校信息化日常运行的费用,主要包括校园网运行维护费、校园网出口带宽租用费、信息化基础设施运行维护费、信息系统维护及服务费、校园卡服务部门运行费、校园卡业务外包服务费和专家评审费等;信息化建设项目专项经费是指用于学校各单位信息化建设项目的经费,主要包括校园信息网络、信息化基础设施和应用系统的建设费用。

第七条　经费申请。校内各单位按照信息化项目申报流程,以项目形式向信息化管理部门提出书面申请,信息化管理部门对申报书进行形式和内容审查。

第八条　项目论证。依据学校信息化发展规划和学校下达的年度预算,信息化管理部门组织相关单位确定经费拟支持的项目并报学校网络安全和信息化领导小组审定。单个项目预算10万元以上(含10万元),由信息化管理部门组织专家论证,论证内容主要包括项目建设的必要性、技术方案的可行性和预算的合理性等。项目中含有大型仪器设备的,实验室与设备管理部门参加论证会,同步组织"申请购置大型仪器设备可行性论证"。

第九条　经费审批。经学校网络安全和信息化领导小组审定的项目,单个项目预算10万元以下的,由信息化管理部门主任办公会审批;单个项目预算10万元以上(含10万元)通过专家论证的项目,信息化管理部门审核并报分管校领导审批。

第十条　经费拨付。通过审批的信息化建设项目,其经费由信息化管理部门向申请单位下达立项通知书。申请单位根据学校采购有关规定进行采购并签订合同,信息化管理部门根据合同金额或支付进度拨付给申请单位。维持学校信息化正常运行的人员费用和业务费用等,信息化管理部门一次性拨付给学校信息化技术支撑单位。

第十一条　经费使用。使用单位严格按照申报内容、信息化项目管理办法、本办法规定以及学校财务相关规定使用。经费负责人为申请单位主要负责人;每个项目一个经费号,一个单位申报并获批多个信息化项目的,必须坚持按项目使用,专款专用,项目之间不得打通使用。经费支出审批权限按照《经费支出审批权限规定》执行。

第十二条　经费回收与调剂。申请单位年度未用完的经费,信息化管理部门根据其使用进度和全校信息化需求情况收回,统筹后按程序调剂给相关需求单位使用。

第十三条　开支范围。经费开支范围主要包括网络与信息化基础设施建设、设备(含软件)购置及安装、软件授权、数字资源购置与建设、软硬件运行维护、信息安全建设、系统集成、咨询、监理、委托代理、培训、设计、信息化外聘人员费、外包服务费、学生参与信息化建设的劳务费、信息服务、专家评审等信息化相关事项产生的费用。

第十四条 评价与监督。信息化管理部门负责建设项目的验收工作,对经费使用进度进行监督,对经费使用效益进行评价。财务部门负责对经费使用规范进行监督。审计部门负责经费的审计。

第十五条 本办法由信息化管理部门负责解释。

6 校园网管理类

6 校园网管理类

6.1 校园计算机网络管理办法

解析 校园计算机网络(简称校园网)是学校信息化的重要基础设施,是保障校园网络安全的重要屏障和抓手,必须规范并严格校园网管理。《校园计算机网络管理办法》是校园网管理的总文件,在其基础上还可以制定一些管理细则或管理规定。该管理办法首先介绍校园网的定义以及校园网的组成,明确文件约束的范围;"职责与分工"一章,明确了网络中心(信息中心)、信息化管理部门、基建修缮部门,以及各大楼网络设备间所属单位等各个单位对校园网所具有的职责;"校园网建设与运行维护"一章是本办法的核心,明确了校园网出口层、核心层、接入层、光缆、无线网等各部分的管理总体原则,以及运维、应急和机房等的管理原则;"用户管理与服务"一章主要是明确"实名认证"以及各类账号的管理原则和办法;"校园网接入"一章主要包括服务器、特殊设备、数据中心等接入的原则和方法,校园网接入是安全的第一道屏障,必须把好"接入关",严格接入管理,确保接入的设备清单明晰、责任人明确,以便后期进行安全处理;"VPN服务"作为一项特殊服务,在校园网中具有很重要的地位,它不仅是解决师生在校外访问校园内部资源的工具,更是校园网安全的一个重要突破口,如果管理不善,容易成为黑客攻击的目标,因此需要对其账号进行严格管理;"IP地址与域名管理"一章主要明确了IP地址的分配和域名管理的基本原则,由于校园网域名的重要性,域名管理需要单独出台文件进一步细化管理措施;"校园网安全管理"一章主要明确基本安全、保密、病毒、网络攻击、安全漏洞、私设代理服务器等方面的处理原则,违规行为的处理办法,以及重要保障时期的安全管理总体原则和基本措施,是出台重要保障时期校园网管控方案的主要依据之一;"罚则"一章主要明确未按照本办法进行网络管理或使用行为的惩罚措施。

第一章 总则

第一条 为加强校园计算机网络(以下简称校园网)的建设和运行维护管理,促进校园网的健康发展,根据《中华人民共和国网络安全法》,以及学校的《信息化管理工作条例》《网络与信息技术安全管理办法》《信息管网及线缆资源建设与使用管理办法》《基建修缮工程中计算机网络建设管理办法》《校园计算机网络设备间建设与管理细则》《信息技术安全漏洞整改流程》等法律、法规及文件,制定本管理办法。

第二条　校园网。校园网是指在学校范围内,为学校教学、科研和管理提供资源共享、信息交流、协同工作和互联网访问的计算机网络,由学校统一建设和管理。校园网覆盖区域分为教学办公区、公共服务区和学生宿舍区。教学办公区是指办公楼、教学楼等区域;公共服务区是指食堂、体育场馆、户外广场等区域;学生宿舍区是指学生宿舍区域。校园网接入方式上分为有线网络和无线网络。

第三条　校园网组成。校园网由出口层、核心层、接入层和光缆线路四个部分组成。

出口层是指校园网与互联网互联部分,与中国教育和科研计算机网以及相关基础电信运营商互联,为用户提供互联网访问服务。出口层主要包括出口路由器、防火墙、流量控制设备、负载均衡设备、安全设备以及运营商线路等。

核心层是指校园网楼栋间的高速互联及基础服务器,主要包括核心交换机、路由器、域名服务器、认证服务器、日志服务器等。

接入层是指各楼栋内的局域网,将各种终端接入到校园网。楼栋内的局域网分为有线局域网和无线局域网,有线局域网包括交换机、信息点、线路等;无线局域网包括以太网供电交换机(POE 交换机)、无线访问接入点(AP)、线路等。

光缆线路是指用于接入层与核心层之间、核心层与出口层之间的互联线路,主要包括主干光缆环路、光纤交接箱、各楼栋到光纤交接箱的光缆、校区间的互联光缆等。

第四条　校园网管理。校园网管理包括校园网建设及运行维护、IP 地址管理、域名管理、用户管理、校园网账号管理、服务器入网、特殊设备入网、校园网虚拟专用网络(VPN)服务和安全管理等。

第二章　职责与分工

第五条　机构与职责。信息化管理部门负责校园网总体规划、制度建设和统筹管理。

信息中心负责校园网出口层、核心层、无线局域网建设与运维,楼栋内已有有线局域网的运行维护管理、用户管理、光缆线路管理、IP 地址管理、网络与信息安全技术管理,以及为用户提供技术咨询、培训和服务等。

基建修缮工程主管部门负责组织开展基建修缮工程中计算机网络建设项

目的工程设计、实施和验收管理工作。信息中心负责审核计算机网络建设项目设计方案,在项目实施中提供技术支持,参与计算机网络建设项目验收。具体按照《基建修缮工程中计算机网络建设管理办法》进行管理。

学校各二级单位负责本单位校园网用户身份和特殊设备入网的审核,协调提供本单位所在楼栋校园网设备间以及设备间电源等工作。

第六条 校园网设备间管理职责。校园网设备间安全与校园网设施安全实行"属地托管"原则。具体按照《校园计算机网络设备间建设与管理细则》进行管理。

第三章 校园网建设与运行维护

第七条 校园网出口层。校园网的出口层可与中国教育和科研计算机网以及相关基础电信运营商互联,可采用带宽升级、部署缓存设备、线路负载均衡等多种技术手段满足师生互联网访问的需求。各单位应通过校园网与互联网连接,若需要单独线路与互联网连接,须经信息化管理部门同意并备案。

第八条 校园网核心层。校园网的路由、网络访问控制由信息中心统一管理,各楼栋使用二层网络设备接入校园网。

第九条 校园网光缆线路。按照《信息管网及线缆资源建设与使用管理办法》进行管理。

第十条 学生宿舍有线局域网。学生宿舍区的有线局域网按照每个学生一个信息点的标准进行设计,由信息中心提供交换机并负责学生宿舍有线局域网运行维护。

办公区有线局域网。教学办公区以及公共服务区按照每个房间一个信息点的标准进行设计,由信息中心提供汇聚交换机并维护到每个房间的校园网进线,房间内部信息点及房间内接入交换机由各单位自行建设和维护。房间内接入交换机应为千兆及以上级别的接入交换机。房间装修改造时应保护好房间内校园网的进线不被破坏。

第十一条 无线局域网。学校的无线局域网由信息中心统一建设和维护。由信息中心提供POE交换机、AP等设备。学校无线局域网使用XU_WIRELESS和XU_WIRELESS_AUTO两个SSID,严禁用户私设与上述两个SSID相同或相似的WiFi;若私设WiFi窃取用户信息,将报请公安机关依法追究私设者法律责任。

第十二条 校园网设施管理。各楼栋内信息点、AP、网络线路、布线槽、桥架、楼内汇聚交换机及机柜等校园网络设施,由信息中心统一规划,统一安排,统一管理,其他单位和个人如要使用,须向信息中心提交书面申请,待审核批准后方可使用;不得改变其物理位置、形态和性能;不得改变其连接关系、运行状态和系统配置。如有损毁、丢失校园网络设施的,由楼栋所属单位照价赔偿,性质严重将追究其法律责任。

第十三条 运维管理。校园网在一般运维时,应尽量保证校园网正常运行。校园网在进行核心设备升级改造、网络核心结构或系统重要功能变更、系统参数调整、重要隐患排除等重大运维活动时,应制定详细的运维方案,可根据运维方案暂时关闭校园网或部分区域关闭,并提前告知用户,运维完成后立即开放。重大运维活动应主要在夜间进行,以尽量不影响师生使用校园网为原则。一般运维关闭校园网时间不得超过1个小时,重大运维关闭校园网时间不得超过12个小时。

第十四条 应急管理。当校园网遭受黑客攻击、病毒侵袭、长时间停电或其他紧急情况时,可暂时关闭校园网或部分区域关闭,紧急情况处置完毕后开放。

第十五条 机房管理。校园核心数据中心机房按照《电子信息系统机房设计规范》(GB 50174-2008)中B级标准进行设计,由信息中心负责建设及运行维护。其他单位建设数据中心机房,需在信息化管理部门备案,机房建设符合国家有关标准,并制定日常运行维护办法,单位自建数据中心机房由建设单位进行运行维护并负责机房安全。

第四章 用户管理与服务

第十六条 校园网用户。允许接入校园网人员包括:学校在编教职工、在读学生和学校聘用的社会用工。来校短期进修、培训、访问或交流的人员经所属主管部门批准后允许在校期间接入校园网。

第十七条 实名认证。校园网实行实名认证上网,接入用户使用校园网账号和密码使用校园网。教职工、学生的账号通过学校基础数据库中人员编号和姓名进行实名,临时人员通过所属单位提供的身份证号和姓名进行实名。

第十八条 账号分类。校园网账号实行分类管理,按学校政策执行相应的计费标准。校园网账号分为教职工账号、学生账号、临时账号和会议账号。正式账号为在编职工或学生的人员编号。临时账号为非在编人员的身份证号,包括各单位聘用的社会用工,经主管部门批准的来校进修、培训、访问或交流等人员。会议账号是指提供给参加在我校召开的会议的非我校人员使用的校园网无线网账号,会议账号允许多用户同时使用,由我校主办会议单位申请。

第十九条 教职工与学生账号管理。教职工和学生账号是入职或入校时自动开通。如需暂停使用账号,可到信息中心办理。

教职工账号在教职工离职或死亡后进行销户。学生账号根据其学籍情况,对处于毕业、退学、转学(转出)、死亡等状态的账号进行销户。对处于出国、休学等状态的账号暂停使用,师生回校后可到信息中心办理账号恢复手续。

第二十条 临时账号管理。临时用户需持有效证件及学校单位开具的证明开通账号;临时账号最长有效期为一年,有效期满后未办理延期的自动销户。

第二十一条 会议账号管理。会议账号可通过网上办事大厅中的"无线网会议账户申请"流程进行申请,会议账号根据会议通知的会期制定有效期,有效期满后自动销户。

第二十二条 账号安全。所有校园网用户应保管好本人的校园网账号和密码,严禁借给他人使用。按照"谁的账号,谁负责"的原则,账号申请人承担该账号上网行为带来的一切后果。

第二十三条 认证方式。用户可采用客户端认证、Web 认证和 MAC 地址认证等多种认证方式接入校园网。用户不得使用会影响校园网络认证的设备或软件,不得使用未经学校发布或认证的客户端连接校园网。

第五章 校园网接入

第二十四条 服务器接入。为网站或信息系统提供运行环境的通用服务器,原则上应纳入学校数据中心统一建设和管理。为专用系统(例如专业计算平台或仿真平台)提供运行环境的专用服务器,由服务器所属单位向信息中心提出申请,经审批和备案后,接入校园网,限制在校内访问;若需开放互联网访问,须经漏洞扫描、人工渗透等安全检查,明确系统开放时间并由其所在学校二级单位主要负责人签署安全责任承诺书,并经分管校领导审批同意。

第二十五条 特殊设备接入。特殊设备是指无法安装认证客户端的设备,如:打印机、摄像头、大屏显示器等,特殊设备采用物理地址绑定的方式接入校园网。

特殊设备可通过网上办事大厅中的"特殊设备入网申请"流程进行申请接入校园网。

特殊设备接入校园网的有效期为一年,到期如仍需使用须重新申请。特殊设备一般限制只能在校园网内访问。

第二十六条 数据中心接入。数据中心是指由服务器、存储、应用系统、数据库系统和内部网络等组成的信息化基础设施。学校数据中心内部网络由信息中心统一建设与管理。经批准自建自管数据中心需接入校园网的,由信息中心提供 IP 地址并协助其接入校园网。自建自管数据中心所属单位必须按照经批准的方案使用 IP 地址等网络服务,不得为其他单位提供服务器托管、虚拟机等服务。

第六章 VPN 服务

第二十七条 VPN 服务。校园网 VPN 服务是提供给校园网教职工用户和研究生用户在校外访问校园网内部资源和应用系统的一种服务。VPN 与学校统一身份认证系统进行集成,其账号密码与统一身份认证系统账号密码相同。

第二十八条 VPN 账号申请。教职工可通过网上办事大厅中的"校园网 VPN 申请"流程申请开通 VPN 服务。教职工 VPN 账号实行年审制度,每年需审核一次。研究生因研究、学习需要可以申请 VPN 账号,经导师和所在院系同意后开通。研究生 VPN 账号的最长使用时限为 3 个月。

第二十九条 VPN 用户仅限本人使用,不得以任何理由、任何方式将账号借给他人使用。VPN 用户在网上的一切行为由该账号申请人负责,因违纪、违法行为而引起的一切法律后果由账号申请人承担责任。

第七章 IP 地址与域名管理

第三十条 校园网 IP 地址。接入校园网设备所使用的 IPv4 地址和 IPv6 地址,统一由信息中心管理和分配。

学校数据中心的 IP 地址允许互联网双向访问,其他 IP 地址仅允许单向访问互联网,如需开通互联网访问,依据本办法第二十三条办理。

第三十一条 校园网域名。学校域名统一由信息化管理部门管理和分配,信息中心负责具体配置。用户不得私自架设域名服务器,不得使用校园网 IP 地址申请校外域名。

第八章 校园网安全管理

第三十二条 安全与保密。校园网用户应严格遵守国家有关信息安全的法律法规,遵守国家信息安全保密管理规定,按照"上网不涉密,涉密不上网"的原则,不得在联网的计算机信息系统中存储、处理和传递国家秘密或其他各类有害信息。

第三十三条 病毒与网络攻击。用户应加强计算机病毒的预防和治理,及时升级操作系统和应用程序,禁止传播计算机病毒的任何行为。任何个人和单位不得从事非法侵入他人网络、干扰他人网络正常功能、窃取网络数据等危害网络安全的活动;不得提供专门用于从事侵入网络、干扰网络正常功能及防护措施、窃取网络数据等危害网络安全活动的程序、工具;明知他人从事危害网络安全的活动的,不得为其提供技术支持、广告推广、支付结算等帮助。

第三十四条 违规行为处理。用户应自觉维护校园网运行的安全,接受并配合国家和学校有关部门依法进行的网络安全监督和检查。用户在网上的一切行为由用户本人负责,对于从事违纪、违法活动者,信息中心将向学校及公安部门申诉、举报,由于违纪、违法行为而引起的一切法律后果由违规用户承担责任。

第三十五条 重要活动期间的安全管理。如遇考试、重要会议、重大活动时,根据主管部门要求可以部分或全部关闭校园网,或者限制网站、信息系统的互联网访问。若信息系统或网站责任单位要求在重要活动期间开放互联网访问,必须明确开放时间并由单位主要负责人签署安全责任承诺书,并经单位分管校领导审批同意。

第三十六条 安全漏洞处理。信息系统的安全漏洞是指信息系统在需求设计实现配置运行等过程中,有意或无意中产生的缺陷。信息安全漏洞的管理具体按照《信息技术安全漏洞整改流程》进行管理。

第三十七条 严禁私设网络及相关设备。严禁用户在房间之间布线;严禁私自架设无线路由、代理服务、地址转换和动态地址分配等干扰校园网正常运行和安全管理的行为。

第三十八条 公共计算机安全。各单位自建自管网络机房、数据中心等公共计算机必须记录包括各时段使用人姓名等信息在内的使用日志,留存相关的网络日志不少于六个月。

第三十九条 信息保密。信息中心不得泄露、篡改、毁损用户信息;未经用户同意,不得向他人提供个人信息。但是,经过处理无法识别特定个人且不能复原的除外。

网络与信息系统管理部门应当采取技术措施和其他必要措施,确保个人信息安全,防止信息泄露、毁损、丢失。在发生或者可能发生个人信息泄露、毁损、丢失的情况时,应当立即采取补救措施,按照规定及时告知用户并向有关主管部门报告。

信息中心不得向外单位提供校园网流量数据,若安全部门因安全原因需要校园网流量数据,须取得主管部门和分管校领导同意。

第九章 罚则

第四十条 校园网用户在使用校园网的过程中,有下列行为之一者均属于违规行为:

(1) 从事危害国家安全或社会稳定,浏览、复制或传播有碍社会治安和社会公德等不良信息,公然侮辱他人或者捏造事实诽谤他人、窃取或泄露他人秘密等侵犯他人合法权益等违反宪法及国家其他法律、法规禁止的网络行为;

(2) 破坏、盗用计算机网络中的信息资源,危害计算机网络安全的;

(3) 盗用他人账号的;非法占用 IP 地址的;非法将设备接入校园网,干扰和破坏校园网正常运行的;

(4) 故意制作、传播计算机病毒等破坏性程序的;

(5) 损坏校园网设施的;

(6) 不服从校园网管理部门或人员管理的;

(7) 其他违反本办法有关规定或学校有关管理规定的。

用户在使用计算机网络的过程中发生违规行为的,由信息中心视其情节轻重,对当事人提出警告;责令当事人提交书面检查并限期改正;向其所在单位通报,并禁用校园网账号一个月;永久禁止在校园网中建立账号;提交学校相关部门处理;涉及违法行为的,移交司法部门追究法律责任。

第十章 附则

第四十一条 学校附属单位等网络管理。学校附属单位、附属医院、产业集团、后勤集团等内部网络由其自行建设和管理。需接入校园网的,向信息中心申请校园网 IP 地址接入校园网。学校附属单位等应参照本办法制定本单位网络管理办法,落实网络实名制等相关要求,负责本单位网络安全。

第四十二条 本办法自发布之日起实施,由信息化管理部门负责解释。

6.2 基建修缮工程中计算机网络建设管理办法

解析 在校园网建设运行过程中,总会涉及信息中心与其他部门职责划分的问题。例如,基建修缮部门在新建房屋或对房屋完成修缮后,大楼内的网络往往已经由基建修缮工程单位建设部署完毕,但是直到大楼需要启用并要求接入校园网时,才发现大楼内部的网络无论设计还是质量都不符合校园网要求。此时如果接入校园网,则未来存在大量运维问题甚至安全隐患;如果不接入,又会影响大楼的正常启用。这令信息中心往往陷入两难境地。因此信息中心与基建修缮部门之间的职责如何划分、信息中心何时介入、如何验收等问题必须通过文件形式确定下来。

本文件"总则"一章明确了"计算机网络"的定义以及文件约束的范围。"职责与分工"一章主要明确了基建修缮部门、信息中心、信息化管理部门分别在基建修缮工程中所涉校园网建设工作中承担哪些职责,明确了基建修缮部门负责大楼内计算机网络的工程设计、实施和验收,信息中心负责审核计算机网络设计方案,并且参与验收(基建修缮部门负责大楼建设和装修,信息中心负责楼内网络建设的模式并不可取,双方会存在诸多交叉,会给工程管理、进度控制带来很大麻烦),信息化管理部门负责协调。"总体要求及技术规范"一章是基建修缮部门和信息中心共同约定的大楼内设备间、综合布线、信息点、无线网络、线缆桥架、机柜、交换机、配线架及大楼周边的弱电管井、光缆汇聚等的总体要求、总体原则和基本技术规范,双方均应严格遵守此规范,涉及具体大楼项目,还可以提出更加具体甚至特殊的要求。"项目招标与实施"一章主要明确了计算机网络设计方案确定、招评标、材料检验、施工、项目质保等流程。"项目验收"一章明确了验收的组织、测试、资料等程序和要求,明确了规定未通过验收的不予接入校园网。通过上述一系列措施,可以确保每一栋新建或修缮大楼的计算机网络设计及施工全过程中都有信息中心的参与,计算机网络建设质量可控,从而确保基建设施建成后可快速、安全地接入校园网,减少部门之间推诿扯皮的情况。

第一章 总则

第一条 为规范学校基建修缮工程中计算机网络建设管理工作,提高校园计算机网络服务质量,避免重复施工和损坏原有网络设备及线路,根据《信息化技术架构建设条例》《信息化管理工作条例》《基建项目竣工验收、移交和保修管理实施细则(试行)》等相关文件,结合学校实际情况,制定本办法。

第二条 基建修缮工程与计算机网络。本办法所称"计算机网络",是指校内新建、改建、扩建房屋时,包含在基建工程或修缮工程(统称"基建修缮工程")内实施建设的需与校园计算机网络联通的楼宇内部计算机网络,包括有线网络和无线网络。

基建修缮工程中计算机网络建设项目的设计、实施和验收,均应遵守本办法。

第二章 职责与分工

第三条 部门职责与分工。基建修缮工程主管部门(以下简称"工程主管部门")负责组织开展基建修缮工程中计算机网络建设项目的工程设计、实施和验收管理工作。其中,工程主管部门是指按照学校相关规定、对基建修缮工程承担项目管理责任的基建管理部门、总务部门或其他部门。

信息中心负责审核计算机网络建设项目设计方案,在项目实施中提供技术支持,参与计算机网络建设项目验收。

信息化管理部门对计算机网络项目的建设、验收和运行服务情况进行管理,以及对相关单位执行本办法的情况进行监督检查。

第三章 总体要求及技术规范

第四条 总体原则。计算机网络建设应为"交钥匙工程"。

在计算机网络建设项目方案设计和预算时,应充分考虑有线和无线网络的综合布线工程主材、辅材、网络机柜、网络交换机、双绞线跳线、网络机柜供电、设备间与室外通信管道对接等需求。

土建及楼宇内计算机网络安装部分由工程主管部门组织实施,其中,楼宇内计算机网络管道应互通,且应与楼宇附近的校园计算机网络管道贯通(具体弱电手井汇接点由信息中心指定)。从校园计算机网络主干连接至基建修缮工程楼宇设备间的计算机网络光缆由信息中心组织敷设。

第五条 设计承建资质。计算机网络建设项目设计方、承建方应均具有电信、通信工程专业承包三级(含)或建筑智能化专业承包三级(含)以上资质,由工程主管部门按相关规定选定。

第六条 学生宿舍区计算机网络建设规范。学生宿舍区计算机网络建设项目方案设计应遵循以下技术规范。

(1)新建及改建的学生宿舍计算机网络建设项目(含综合布线和设备集

成），由具有相关专业资质的公司制定合理、可行的技术方案,并由工程主管部门书面提交信息中心审核。

（2）每房间信息点插座数量按 $n+1$ 设计,其中 n 为床位数,1 预留给无线网 AP。

（3）有线信息点布线材料应使用超五类标准以上的非屏蔽双绞线,线材、模块及配线架等均应使用市场上主流知名品牌产品;校园无线信息点须遵循六类布线标准。

（4）根据楼体大小合理设置独立的、面积不小于 6 平方米的计算机网络专用设备间。楼栋所有网线尽可能汇聚到同一个设备间,视实际情况（如网线超长等原因）可设多个设备间。设备间之间一般用六类网线或光纤连接。

（5）有线信息点至设备间的双绞线链路长度不得大于 80 米,配线架至交换机的柜内跳接应采用合格的超五类或六类标准的成品跳线,跳线两端采用 P 型标签标示。

（6）设备间的线缆桥架一律采用 1—1.2 mm 厚度的热镀锌板桥架。桥架宽由汇聚的线缆数确定,所有配线架、跳线及房间内的信息点面板上均需标识相对应的房间号,便于后期维护。

（7）交换机应选用可管理交换机,接入端口不低于 24 口,速率不低于 100 M,上联速率不低于 1000 M。交换机安装采取间隔 1U 安装方式,根据交换机和配线架的数量合理配备机柜。机柜应采用市场上主流知名品牌、前后门通风网孔式的 42U 标准机柜,每个机柜需配备 1—2 个防雷的电源插排 PDU,每个 PDU 不少于 6 个插座。采用专用空开(10 A)、电源专线和 2 个专用电源插座给网络设备间供电,严禁使用一般接线板。

（8）室内信息插座安装应避开家具及其他固有随房设施的遮挡,以学生书桌上方的适当位置为宜,便于使用及维修。无线网信息点部署在进门左（右）侧,距离屋顶约 0.2 m。

（9）无线网信息点集中安装在同一机柜的同一（组）配线架上,用线缆色标区分有线和无线,便于后期维护管理。

（10）预置校园计算机网络光缆进入楼栋各设备间的通道,并与楼宇附近的校园计算机网络管道互通（具体汇接点由信息中心指定）。其中,新建楼栋应预留 2 孔以上的 Ø110 管道,老楼栋改造应预留 1 孔以上的 Ø110 管道。上述管道由工程主管部门组织在基建修缮工程中实施。

（11）如果是建筑群,需同步建设地下光缆管道网并保障楼群之间的互通,该光缆管道网应同校园网主干光缆管道网互通。上述管道由工程主管部门组织在基建修缮工程中实施。建筑群地下光缆管道、管沟井的工程设计及施工时,应充分考虑地表载荷的影响,防止因地面车辆行驶碾压或其他原因导致管道坍塌堵塞、影响使用,建筑群地下光缆管道需使用 Ø110 的硬 PVC 管道。

(12) 有线计算机网络交换机需支持 QinQ 或 802.1X;无线计算机网络交换机需支持 POE 供电,无线计算机网需采用 AC+瘦 AP 架构。

(13) 根据楼栋布设的信息点总个数,接入交换机数量按每台接入交换机预留 3 个端口备用计算。根据楼栋接入交换机数量,楼栋汇聚交换机为全千兆、有 2 个光端口的交换机,其数量按每台汇聚交换机预留 2 个端口备用计算。

第七条 教学办公区计算机网络建设规范。教学楼区、办公楼区计算机网络建设项目方案设计应遵循以下技术规范。

(1) 新建、改建及扩建教学楼、办公楼的计算机网络建设项目(含综合布线和设备集成)方案,应由具有相关专业资质的公司进行设计。在此期间,工程主管部门应协调房屋使用单位与设计单位充分沟通,了解使用单位需求,制定合理、可行的技术方案,并由工程主管部门书面提交信息中心审核。

(2) 布线材料使用超五类或六类标准以上的非屏蔽双绞线(特殊环境可使用屏蔽双绞线),线材、模块及配线架等均应使用市场上主流知名品牌产品。无线网布线按楼房全覆盖的要求设计信息点。

(3) 网络设备选型应选用市场上主流知名品牌,交换机技术参数根据信息中心的需求配置。

(4) 设备间设置参照第六条第四、五款,设备间桥架及标识标记要求参照第六条第七款,光缆通道预置参照第六条第十、十一款。

第四章 项目招标与实施

第八条 技术方案确定。在确定计算机网络建设项目招标技术文件之前,工程主管部门应向信息中心提供相关用户需求和计算机网络建设项目技术方案;信息中心对技术方案予以审核并提出书面反馈意见。技术方案经工程主管部门和信息中心双方盖章确认后,送信息化管理部门备案。

第九条 项目招标评标。在组织计算机网络建设项目招标评标时,工程主管部门应通过招标评标管理部门,要求投标方就所涉及布线主材及网络设备提供原厂授权证书和产品出厂检验资料。中标方所提供上述资料的副本,由工程主管部门随同计算机网络建设工程资料一并送信息化管理部门备案。

第十条 项目施工。网络建设项目实施前,工程主管部门协调施工单位将工程材料(线材、模块、面板等)样品送信息中心检测,以保证工程材料品质;实施过程中,信息中心对相关技术问题提供技术支持(包括设计方案、交换机配置信息等);工程完工后,施工方应对所有信息点进行逐点自测,制成测试报告,经工程主管部门确认后,作为验收文件的一部分。

第十一条 质保与售后。网络建设项目质保期应不少于两年,网络交换机原厂质保期应不少于三年。质保期均从通过网络项目验收或基建修缮工程验收之日起计。质保期内由承建方负责故障维修。

不低于上述售后服务条件的相关条款应在基建修缮工程(或其网络建设项目)合同中予以明确,由工程主管部门负责落实。

第五章 项目验收

第十二条 专项验收。计算机网络建设项目作为基建修缮工程的一部分,按照基建修缮工程的专项工程进行验收。

基建修缮工程主管部门组织验收时,信息化管理部门负责计算机网络建设项目的专项验收。

第十三条 项目文档。计算机网络建设项目验收前,工程主管部门须向信息化管理部门提供以下工程技术文档。

(一)工程相关资料

项目需求和主要任务文件、招标文件副本、中标单位投标文件副本(含所涉及布线主材及网络设备的原厂授权证书、产品出厂检验资料副本)、中标通知书副本、计算机网络项目建设合同(或涵盖本计算机网络项目建设任务的基建修缮工程合同)副本。

(二)工程实施情况

项目设计方案、项目施工方案、项目网络拓扑图、项目实施日志、综合布线系统平面布置图、配线架端口信息、设备配置信息、项目变更说明。

(三)工程所用产品和设备

主要产品介绍、产品检测报告或产品合格证明、项目收货单、用户操作和维护手册。

(四)工程验收信息

工程验收申请、自检测试报告、系统试运行报告、用户使用报告、第三方检测报告、工程相关实物实景照片。

第十四条 验收与接入。未按第十二条要求提供工程技术文档的计算机网络建设项目,信息化管理部门将不予验收。

计算机网络建设项目未通过验收的,该楼宇内部计算机网络不能与校园计算机网络联通。

第六章 附则

第十五条 法规要求。计算机网络建设项目的设计、实施、验收等,国家、湖北省相关法律法规、行业标准有明确要求的,从其规定。

第十六条 罚则。计算机网络建设项目的设计、实施和验收等环节未按本办法规范管理,或在房屋修缮过程中擅自损坏网络基础设施,造成不良影响的,给予全校通报批评;情节严重或造成经济损失的,依据相关规定追究有关人员的领导责任和直接责任;触犯法律的,依法追究法律责任。

第十七条 本办法自发布之日起实施,由信息化管理部门负责解释。

6.3 校园计算机网络设备间建设与管理细则

解析 校园网的设备间遍布全校各个楼栋,如果管理不善、责任不清,将会存在很大的安全隐患,因此,需要出台《校园计算机网络设备间建设与管理细则》(以下简称管理细则)来规范校园网设备间(以下简称设备间)的建设与管理。管理细则在"总则"一章中明确了设备间的定义和分类,设备间分为托管设备间和非托管设备间,托管设备间是指明确了特定管理部门负责的设备间,例如学生宿舍的设备间由学生宿舍管理部门负责,院系大楼的设备间由院系负责,这种分类是为了更方便地明确责任。在"职责与分工"一章明确了按照"属地管理"原则,托管设备间所属管理单位负责设备间的消防与安防管理,配备设备间安全负责人,非托管设备间由信息中心负责。"设备间的建设与管理"一章明确了设备间的面积、供电要求,以及消防设施配备、准入、操作等管理要求。设备间的大小一直是困扰信息中心部门的一个大问题,逼仄的空间为设备放置和维护带来很大困难,有的大楼甚至没有设备间,只能将机柜挂在楼道的墙上,影响美观和操作。要通过制定面积要求,为学校在新建大楼时设计设备间、已有大楼设备间选择时提供依据,争取到符合一般规范要求的设备间。设备间容易存在随便出入、乱放杂物等问题,存在较大的消防安全和网络安全隐患,也必须明确设备间进入规则。"罚则"一章则明确了违反上述条款应该给予的处罚措施,为纪委等部门问责提供依据。

第一章 总则

第一条 为保障校园计算机网络安全稳定运行,规范校园计算机网络设备间管理,根据《网络与信息技术安全管理办法》《基建修缮工程中计算机网络建设管理办法》,结合实际,制定本细则。

第二条 校园计算机网络设备间定义。校园计算机网络设备间(以下简称设备间)是指设在学校楼宇内外的、专用于放置或布设校园计算机网络基础设施的独立房间和区域,以及设置在户外的计算机网络交接箱、人手井等。

第三条 设备间分类。按照管理责任设备间分为托管设备间和非托管设备间。

托管设备间是指明确有特定单位负责管理的设备间,包括所有的学生宿舍设备间,以及分布在各机关部门或二级单位楼内的办公区设备间。

非托管设备间为在公用区且没有明确单位负责管理的办公区设备间。

第四条　适用范围。本细则适用于学校所有校园计算机网络设备间,包括与值班室、电源配电房、竖井等共用的设备间。校园内的公用通信网络、专用通信网络设备间参照此细则管理。

第二章　职责与分工

第五条　信息化管理部门负责设备间建设与管理相关的协调工作。

信息中心具体负责全校设备间的规划、设计及施工方案的审核与管理,负责设备间网络基础设施建设与日常运行维护管理,负责非托管设备间的安全管理。

学校各单位应对信息中心的相关工作予以配合和协助。

第六条　按照"属地管理"原则,托管设备间所属管理单位负责设备间的消防与安防管理,配备设备间安全负责人,并向信息化管理部门报备相关人员信息。

各机关部门或二级单位楼内办公区托管设备间的消防与安防管理由该部门或二级单位负责;学生宿舍设备间的消防与安防管理由学生宿舍管理部门负责。

信息中心以书面形式与设备间托管单位进行消防与安防管理责任约定。

第三章　设备间的建设与管理

第七条　设备间的建设必须符合《基建修缮工程中计算机网络建设管理办法》中相关的要求。

第八条　新建楼宇的设备间必须是独立房间。现使用的非独立设备间,应逐步改建为独立设备间。

第九条　校园计算机网络接入单位负责提供符合设备间建设要求的独立房间或区域,提供必要的基础设施和便利条件。

第十条　独立设备间使用面积不得小于 6 m^2;设立在公共区域的设备间应与周围其他设施、物品等相隔不少于 1 m 的距离。

第十一条　设备间的位置应选择在远离水源、火源、热源和危险品的区域。

第十二条　设备间必须采用独立的 24 小时供电回路,依据设备负载配置一到两个 10 A 的空开和电源专用插座。

任何人未经信息中心同意,不得擅自改造或使用设备间的专用电源。

第十三条　为保障网络设施正常安全地工作,设备间的室内温度应控制在30 ℃以下。

第十四条　设备间内及周围严禁存放危险物品,包括易燃品、易爆品、腐蚀性物质或放射性物质等。

第十五条　独立设备间内不得放置与校园计算机网络运行无关的物品,非独立设备间内的校园计算机网络设施必须与其他物品及用电设备设施等安全隔离。

第十六条　非托管设备间及学生宿舍设备间的消防设施由信息中心根据实际需要配备;办公区托管设备间的消防设施由设备间所属单位负责配备。

第十七条　信息中心负责为设备间制作和发放安全标识和联系标牌,设备间管理所属单位负责张贴安全责任人姓名及其紧急联系方式。

第十八条　设备间采用准入制。任何人员未经设备间安全负责人许可不得入内。准入人员须持有信息中心发放的工作牌照或证明文件,并在设备间安全负责人陪同下进入设备间。

第十九条　设备设施操作采用许可制。任何人员未经信息中心相关负责人允许,不得擅自对设备间的设备设施进行操作。增加、安装、调试、更换、拆除设备间的设备设施,或对设备设施的配置进行维护操作时,必须做好相关操作记录。相关操作记录保存时间不少于一年。

第二十条　信息中心负责对设备间进行运行维护和安全巡查,实地例行检查每个月不少于一次。对巡查中发现的安全隐患,相关责任单位必须按时予以整改。

第四章　罚则

第二十一条　如违反设备间管理规定,导致设备设施损坏的,或影响校园计算机网络正常运行的,或导致设备间发生火灾的,将追究有关人员的相关责任;造成经济损失的,追究经济赔偿责任;触犯法律的,依法追究法律责任。

第五章　附则

第二十二条　本细则自公布之日起实施,由信息化管理部门负责解释。

6.4 校园网络域名管理办法

解析 学校互联网络域名(校园网域名)是校园网的重要组成部分,也是校园网络安全的重要内容之一,如果管理不善,容易出现"僵尸域名",引起网络安全隐患,因此必须高度重视。《校园网络域名管理办法》主要是明确校园网域名管理的主要原则。原则上,学校各单位设立互联网站应使用学校互联网络域名,学校互联网络域名应解析到校园网IP地址,非学校域名不得解析到校园网IP,避免出现"双非"或"单非"网站。"域名注册"一章明确了域名的命名原则、注册及变更程序。"域名注销"一章明确了域名的注销流程,除了正常的注销流程外,对域名要做经常性清理,可通过网站年审等方式对长期不使用的"僵尸域名"进行清理。

第一章 总则

第一条 为规范学校互联网络域名管理,推进学校信息化建设,根据《互联网信息服务管理办法》《中国互联网络域名管理办法》《中华人民共和国信息产业部关于中国互联网络域名体系的公告》《互联网站管理办法》及其他相关法律法规、学校管理制度,制定本办法。

第二条 学校互联网络域名体系由学校以文件方式发布。

根据域名发展的实际情况,可以对学校互联网络域名体系进行调整,并予以更新发布。

第三条 符合学校互联网络域名体系、并按本办法进行注册的域名为学校互联网络域名。

第四条 原则上,学校各单位设立互联网站,应使用学校互联网络域名。

除以下情况外,各单位不得申请非学校互联网络域名并解析到学校互联网IP地址:

(1) 上级主管部门要求使用非学校互联网络域名;

(2) 因国际交流合作,需要使用非学校互联网络域名。

第二章 域名管理

第五条 学校一级域名由信息化管理部门向有关域名注册管理机构办理

申请、注册手续。

第六条　学校校园网一级域名之下的域名,由使用单位提出注册申请,经信息化管理部门批准后,向信息中心注册登记。

学校其他一级域名之下的域名,由信息化管理部门审批后,域名申请使用单位向有关域名注册管理机构办理申请、注册手续。

第七条　以下单位或组织可以因以下用途申请注册使用学校校园网二级域名。

(1) 学校二级单位,省部级及以上科研机构、教学基地,以学校名义参加的国际合作科研机构、教学基地,学校批准设立的研究院、委员会、部、室、所、中心等组织,设立单位网站。

(2) 有关部门经批准建设学校主要信息系统。

(3) 经学校批准开展的重要活动(会议),其主办方设立活动(会议)专门网站。

第八条　已履行备案手续的互联网站,不符合申请注册学校校园网二级域名条件的,可以申请注册学校校园网三级域名。

第九条　学校校园网域名由信息中心负责解析。

信息中心依法设立域名服务器。

校内其他任何单位不得设立域名服务器。

信息中心有义务配合国家主管部门开展网站检查工作,必要时按要求暂停或停止相关的域名解析服务。

第十条　学校不对任何单位提供组织机构代码证复印件及其他资质文件用于非学校互联网络域名的登记和注册。

第三章　域名注册

第十一条　域名注册服务遵循"先申请先注册"原则。

以下本文所指"域名",如无特殊说明,均特指学校校园网域名。

第十二条　为维护学校利益和公众利益,信息中心可以对部分保留字进行必要保护,预留部分学校互联网络域名。

第十三条　有关组织机构、信息系统主管部门、重要活动(会议)主办者,根据《互联网站管理办法》通过网站备案的,可以申请注册学校互联网络域名。

原则上每个备案的网站只能申请注册一个域名。

学校互联网络域名不接受个人申请注册。

第十四条　申请注册的域名应符合学校互联网络域名体系。

域名的名称应使用组织机构名称、信息系统业务名称、活动(会议)主题的英文、英文缩写、汉语拼音或汉语拼音缩写。

原则上，不得使用个人姓名及缩写作为域名的名称。

第十五条　域名注册申请单位应当提交真实、准确、完整的域名注册信息，经所属二级单位主要负责人审核、信息化管理部门审批，并与信息中心签订用户注册协议。

申请注册学校校园网三级域名，还需经过所属二级域名使用单位同意。

域名注册完成后，域名注册申请单位即成为其注册域名的使用单位。

第十六条　域名使用单位应当遵守国家有关互联网络的法律、行政法规和规章。

因注册或使用域名而侵害他人合法权益的责任，由域名使用单位承担。

第十七条　域名注册信息发生变更的，域名使用单位应当在变更后30日内向信息中心申请变更注册信息。

第四章　域名注销

第十八条　出现下列情形之一时，域名使用单位应向信息中心申请注销所注册域名：

（1）域名对应的网站或信息系统不再设立；

（2）因活动（会议）注册使用域名，活动（会议）已经结束；

（3）域名使用单位不再使用所注册域名。

第十九条　已注册的域名出现下列情形之一时，信息中心应当予以注销，并以书面形式通知域名使用单位：

（1）域名使用单位申请注销域名的；

（2）域名使用单位提交的域名注册信息不真实、不准确、不完整的；

（3）域名对应的网站未按学校规定履行备案年度审核手续，或注销备案的；

（4）依据人民法院、仲裁机构或域名争议解决机构做出的裁判，应当注销的；

（5）违反相关法律、行政法规及本办法规定的。

第五章　附则

第二十条　本办法自发布之日起实施。本办法由信息化管理部门负责解释。

6.5 移动通信基站管理办法

解析 移动通信基站是运营商在校园内为师生提供移动通信服务的重要基础设施。随着5G时代的到来,移动通信基站建设力度还要进一步加大,但校园内的移动通信基站建设管理仍存在大量问题,如建站随意、多头管理、师生投诉等问题经常困扰信息化管理部门(有的学校基站归后勤部门管理)。因此,必须通过制定《移动通信基站管理办法》规范基站的设置、建设、管理、维护等工作。"总则"一章明确了基站的定义,基站包括室外基站和室内基站,室外基站包括塔站、屋面站和微基站,每类基站的设置流程、收费标准等均不同,需分门别类处理。"职责与分工"一章明确了基站建设管理涉及的部门,信息化管理部门属于牵头部门,还涉及校园规划管理部门、总务部门、房产管理部门、保卫部门、财务部门、后勤部门,每个部门都有相应的分工和职责。"基站规划与设置总体要求"一章明确了基站设置需遵循的法律法规、技术规范、资源共享、校园规划、环境保护等要求。"基站设置管理"一章规定基站设置的流程,主要包括申报、审核与论证、审批、颁发施工许可、验收使用、基站备案等程序,基站的设置程序必须充分到位,要获得相关部门和基站设置所在楼栋单位以及相关用户的认可,要重视覆盖效果、辐射情况、房屋承重、电力供应等内容,方案经充分论证,防止出现随意设站后投诉较多而不得不拆除的情况出现。"基站使用、维护与处置管理"一章明确了基站的备案、辐射监测、维修、拆迁、拆除、应急基站等的管理方法,确保基站的任何处置都"有据可依"。"法律责任"一章明确了依法设置的基站受法律保护,不得破坏,也明确了未经批准的基站处置流程及设置者的法律责任。

第一章　总则

第一条　为加强校内移动通信基站设置与管理,根据《中华人民共和国无线电管理条例》《湖北省公众移动通信系统基站管理办法》以及《网络与信息技术安全管理办法》等相关文件,结合学校实际,制定本办法。

第二条　移动通信基站。本办法所称的移动通信基站(包括塔站、屋面宏站、微基站等室外基站和室内分布系统,以下简称"基站"),是指在一定区域内通过移动通信交换中心与移动通信终端设备之间进行信息传递的无线电台(站)及其附属设施(包括楼顶塔、落地塔、单管塔、增高架等支撑设施,以及天面、机房、专用传输线路、电源等)。

第三条　设置原则。基站是重要的基础通信设施,禁止任何组织和个人破坏基站或者干扰基站运行。校内基站设置遵循"安全环保、统一规划、合理布局、资源共享、合法使用、规范管理"的原则。

在校内使用基站的单位必须依法获得无线电台执照。严禁任何单位和组织违法设置和使用基站,严禁个人在校内设置和使用基站。

第四条　适用范围。本办法适用于学校内基站的规划、选址、设置、使用及其监督管理等。校内单位自建无线电发射台的设置与管理参照本办法。

第二章　职责与分工

第五条　学校相关管理部门及其职责。

1. 学校网络安全和信息化领导小组负责审议基站设置申请报告
2. 信息化管理部门
(1) 负责受理基站设置申请,发放设置与施工许可批文;
(2) 组织技术专家对基站设置可行性和必要性进行论证;
(3) 组织签订基站租赁等相关协议;
(4) 协调相关部门解决基站设置与使用过程中出现的问题;
(5) 监管基站使用情况,处置违规基站;
(6) 协助相关部门对破坏基站的行为进行处置。
3. 信息中心
(1) 审核基站光缆路由与实施方案;
(2) 实施基站光缆的分配与运维管理。
4. 校园建设规划和管理委员会部门
负责审核基站的站址及建设形式是否符合学校校园规划与环境要求,并提出相关要求。
5. 总务部门
(1) 会同信息化管理部门发放基站施工许可批文;
(2) 负责协调基站所需电力;
(3) 协助相关部门解决基站设置与使用过程中出现的问题。
6. 房产管理部门
(1) 提供设置楼顶基站或室内分布式微基站所在楼宇的公用房使用单位信息;
(2) 协调设置楼顶基站或室内分布式微基站所在楼宇的公用房使用单位提供基站设置场所。

7. 保卫部门

(1) 巡查基站设置与维护施工单位的施工许可批文,查部门违规施工;

(2) 协助相关部门处置违规基站;

(3) 协助相关部门对破坏基站的行为进行处置。

8. 财务部门

收缴基站租赁费用并纳入学校财务统筹管理。

9. 后勤部门

(1) 协助基站设置和使用单位配置所需电力;

(2) 根据签订的基站相关协议,提供相关服务。

10. 出租出借用于基站设置的公用房使用单位

(1) 向学校房产管理部门办理公用房出租出借手续;

(2) 查验在本单位进行基站施工的单位是否持有信息化管理部门发放的施工许可批文。

第六条 基站设置与使用单位。

(1) 保障基站设置与管理符合国家及学校相关要求;

(2) 监测基站电磁辐射符合国家相关标准,维护更新设备,确保基站正常运营,确保电磁辐射符合国家相关标准与规定;

(3) 拆除废弃基站及附属设施。

第三章 基站规划与设置总体要求

第七条 辐射安全。基站规划与设置必须符合国家相关法律法规、国家技术标准与规范,符合学校相关管理规定。

校园为广大师生长期工作、学习及生活的场所,校园内设置的基站应符合环境电波卫生标准(GB 9175—1988)电磁辐射一级安全区的要求,设置的基站不得影响师生健康,不得对其他无线电系统造成有害干扰,不得危及相关建筑物和设施的安全。

第八条 基站选址。基站设置与使用单位应根据移动信号网络覆盖区域、无线电波传播特性以及无线电发射设备性能状态等情况,统一规划,合理选择站址。

站址的选择必须符合学校规划、环境保护与景观要求,避开历史保护建筑物、重点建筑物、标志性建筑物、主要出入通道等。

如若站址拟设在学校公用房屋顶、墙面或室内等部位的,则基站设置与使用单位须在站址规划阶段征得该公用房的使用单位同意,并由该使用单位按照学校公用房管理相关规定,在管理部门完成房屋出租出借相关手续。

第九条 资源共享。校内室外基站布局与选址应采用集约化方案,各基站使用单位应尽量共享同一站址资源,室内分布式等低功率微基站应采用多网合一的资源共享方式。

第十条 设置要求。基站天线的朝向和布局应与建筑物及周边环境相协调,并尽量采用建在路面的小型化、隐蔽化建设方案。

校内不得设置高能大功率基站,严禁设置、使用超过国家电磁辐射环境标准的基站。

第四章 基站设置管理

第十一条 设置申报。基站设置按年度集中申报,基站设置与使用单位应于年初向信息化管理部门提交以下相关材料:

(1) 基站设置申请审批表;

(2) 基站站址规划;

(3) 基站建设方案(含景观美化方案、技术资料);

(4) 宏基站的电磁辐射环评审批材料及相关批复文件,微蜂窝基站、室内分布系统等微基站的环评豁免审批材料及批复文件;

(5) 无线电台执照相关材料;

(6) 其他相关材料。

第十二条 审核与论证。信息化管理部门会同校园建设规划部门、信息中心、总务部门、房产管理部门等相关部门及涉及的公用房使用单位对以上材料进行形式审核。通过审核的,信息化管理部门组织技术专家对基站设置方案进行可行性和必要性论证。

第十三条 学校审批。网络安全和信息化领导小组对通过技术专家论证的基站设置申请进行审议,通过审议的设置申请由信息化管理部门报校长办公会审批。

通过校长办公会审批的基站设置申请,由信息化管理部门出具相关基站设置批文。基站设置批文有效期为一年,逾期未设置的,需重新申请。

第十四条 签订协议。信息化管理部门组织相关部门对获批设置的基站签订基站租赁等相关协议。完成相关协议签订的基站,方可进入建设环节。

第十五条 施工许可。基站设置与使用单位在设置基站前,应向信息化管理部门申请施工许可;获得施工许可批文,方可在校内开展基站的设置工作。施工许可有效期为六个月。

基站设置施工期间,施工单位必须严格按照批文要求进行施工,施工现场竖立施工信息告知牌,明示施工许可信息;工作人员挂牌施工。基站设置与使用单位须确保施工安全,并接受学校相关部门的检查。

施工许可批文内容应同时知会学校相关部门。

第十六条　路由光缆。基站路由使用的光缆及其管道由学校负责提供。信息化管理部门根据基站情况,分配管道及光缆。未经学校同意,基站设置与使用单位不得自行敷设光缆。

第十七条　验收与使用。基站设置完成后,基站设置与使用单位在国家相关文件规定的工作日内,向政府管理部门申请环评验收。环评豁免的微基站,可由信息化管理部门组织验收。

通过验收并获得政府管理部门颁发的无线电台执照的基站,方可正式投入使用。

第十八条　基站备案。基站设置与使用单位应在获得电台执照后,向信息化管理部门提供第十九条相关材料办理备案手续,并承诺共享基站资源。学校相关部门对完成备案手续的基站供电,使其投入使用。

第五章　基站使用、维护与处置管理

第十九条　备案管理。校内基站管理实行备案管理制,基站信息发生变更时应及时办理变更手续。未在信息化管理部门备案的基站将被学校拆除或限制使用。

基站设置与使用单位需提供以下备案材料:

(1) 基站基本情况,包括基站站址、设置单位、运维单位、使用单位、基站使用状况、租赁协议有效期限等;

(2) 无线电发射装置技术资料,包括技术参数、产品合格证等;

(3) 环保部门颁发的电磁辐射验收合格证;

(4) 国家通信管理部门颁发的无线电台(站)执照;

(5) 承诺基站电磁辐射符合国家环境保护相关标准的承诺书。

第二十条　辐射监测。基站设置与使用单位应每季度向信息化管理部门通报基站电磁辐射监测情况,信息化管理部门可抽查或依师生要求随时监测基站电磁辐射情况。存在电磁辐射超过国家相关标准的基站,基站设置与使用单位必须立即采取整改措施,将电磁辐射降至符合国家相关标准。

第二十一条　维修与变更管理。现有基站需要维修变更的,基站设置与使用单位须向信息化管理部门申请施工许可;现有基站需变更无线电台(站)核定内容的,还应先完成无线电执照变更手续。

若新无线电台(站)发射装置功率不大于原有功率的,应提供新旧装置功率变更说明等资料;若新无线电台(站)发射装置功率大于原有功率的,参照基站设置相关规定重新申报。

第二十二条　基站拆除。基站设置与使用单位应及时拆除废弃基站,并向信息化管理部门注销基站备案信息。

第二十三条　基站拆迁。因学校建设需要,需对使用期未满的基站进行拆迁时,基站设置与使用单位须予以配合,并与学校签订拆迁协议,协商拆迁产生的赔偿费。拆迁赔偿费不得超过已收取的该拆迁基站租赁费总和。

第二十四条　应急基站。遇到危及国家安全和人民生命财产安全等紧急情况时,可临时设置、使用符合国家电磁辐射标准的应急基站。基站设置与使用单位须及时通报信息化管理部门,校内单位予以配合。紧急情况解除后,基站设置与使用单位应立即拆除应急基站,并向信息化管理部门通报拆除情况。

第六章　法律责任

第二十五条　基站安全。基站在设置和使用过程中不得对其他无线电系统产生干扰,不得对相关建筑物或设施造成损害,不得危及周围人员的人身安全,否则基站设置与使用单位承担相应的法律责任并赔偿经济损失。

第二十六条　基站保护。依法设置的基站是重要通信基础设施,任何单位或个人不得破坏、干扰基站及其运行,不得擅自拆除、损坏合法基站设施,否则将承担相应的法律责任并赔偿经济损失。

第二十七条　非法基站处置。未经学校批准擅自设置基站的,或将未经验收的基站投入正式运行的,或基站运行中违反环境保护要求的,学校有权责令基站设置与使用单位进行拆除或暂停使用,如有必要,可移送国家相关管理部门处理,因其产生的各种纠纷及经济赔偿责任由基站设置与使用单位承担。

对非法基站,基站设置与使用单位或个人必须无偿、无条件自行予以拆除,因其产生的法律纠纷和经济赔偿责任全部由基站设置与使用单位或个人承担。

第七章　附则

第二十八条　对在本办法实施前已建有的且不符合本办法相关规定的基站,基站设置与使用单位应当在本办法公布之日起一年内完成基站的整改工作,并向信息化管理部门报备相关信息。

第二十九条　本办法中涉及的国家标准、规定,国家出台相关新标准、新规定的,以新标准、新规定为准。

第三十条　本办法自公布之日起施行,由信息化管理部门负责解释。

6.6 信息管网及线缆资源建设与使用管理办法

解析 学校信息管网及线缆资源是学校的重要信息基础设施,必须进行规范管理,可以通过制定《信息管网及线缆资源建设与使用管理办法》保障校园网及各类信息系统的正常运行和网络安全。信息管网及线缆资源管理的最佳方式是由学校信息化管理部门统一建设和管理,校内部门根据需求申请使用光缆,校外运营商根据需求租用学校光缆并签订租用合同,如果无法做到统一建设和管理,也要通过文件明确建设和管理规则,保障信息管道(管孔)的合理有序使用以及线缆的规范有序敷设。"总则"一章明确了学校信息管网和线缆资源的建设与管理原则是"统一规划、统一建设、统一运维、统一出口"和"管理规范、责权明晰、资源共享"。"职责与分工"一章明确了网信领导小组、信息化管理部门、信息中心、校园规划部门、基建管理部门、总务部门、保卫部门在信息管网建设、线缆敷设、线缆巡逻等方面的职责。"规划与建设管理"一章明确了管网的需求确定、规划制定、管网建设和线缆敷设的原则及流程,信息管网规划应由信息化部门提出需求,并纳入校园建设总体规划中,而不应由信息化部门独家进行规划。信息管网由基建部门建设,信息化部门参与验收。"施工管理"一章明确了线缆敷设的施工规范、标识标牌规范等要求。"使用与安全管理"一章明确了线缆的使用原则、准入、分配、运维、应急处置、安全管理、监督巡查等内容。"罚则"一章明确了私自敷设、损坏管道线缆等行为应承担的责任。

第一章 总则

第一条 学校信息管网及线缆资源是学校重要的校园信息网络基础设施,为保障信息管网及线缆资源的安全,提升校园信息网络系统的可靠性和稳定性,根据《网络与信息技术安全管理办法》,结合学校信息化实际,制定本办法。

第二条 信息管网与线缆资源。本办法所称信息管网,是指用于敷设各种弱电类线缆的地下管道及其放置管道或直接放置线缆的管沟,以及部署在管道沿线的校园信息网络运行所需的配套设施;本办法所称线缆资源,是指用于数据、网络、广播、电视、电话、视频等信号传输的光缆、同轴电缆等各类弱电类线缆。

第三条 基本原则。按照"全校一张网"的发展规划,学校信息管网及线缆资源的建设与管理遵循"统一规划、统一建设、统一运维、统一出口"和"管理规范、责权明晰、资源共享"的原则。校园内信息管网的建设、管理职责及其所有权归学校。

第二章 职责与分工

第四条 信息管网及线缆资源的建设与管理职责。

1. 学校网络安全和信息化领导小组

负责审定"全校一张网"的总体建设目标与方案,协调解决建设与管理过程中的重大问题。

2. 信息化管理部门

(1) 制定信息管网和线缆资源总体需求、建设规划、使用规定、管理要求等;

(2) 统筹信息管网及线缆资源管理,协调处理"全校一张网"建设与使用过程中出现的问题;

(3) 负责审批使(租)用信息管网和线缆资源申请,管道分配等。

3. 信息中心

(1) 制定具体的信息管网和线缆资源建设与运维需求;

(2) 负责信息管网配套设施的日常运行维护,校园计算机网络光缆的敷设及维护管理工作,获批的使(租)用光缆或纤芯的分配;

(3) 负责信息管网及线缆资源信息的收集、整理、核查、更新和归档等管理工作。

4. 校园建设规划部门、基建管理部门

(1) 按照"整体规划、分步实施"的原则,校园建设规划和管理委员会部门负责依据信息管网建设需求进行选址;

(2) 基建管理部门负责依据规划或修缮需求,进行信息管网的建设和维护。

5. 总务部门

负责信息管网建设管理、电力供应和后勤保障等方面的协调工作。

6. 保卫部门

负责信息管网使用及线缆敷设施工的巡查与违规处置工作。

第三章 规划与建设管理

第五条 需求确定。信息中心依据校内外用户对信息管网及线缆资源的需求以及未来发展需要,结合信息管网现况,向信息化管理部门提出信息管网新建与修缮需求。

第六条 规划制定。信息化管理部门根据需求,结合校园实际,制定信息管网建设规划,校园建设规划和管理委员会部门协调处理选址等相关事宜,根据校园总体规划对信息管网规划进行审核。

第七条 管网建设。学校基建管理部门依据信息管网建设规划进行建设,或依据修缮需求进行修缮,并做好管网建设和修缮工程的质量管理。信息管网建设完成后,基建管理部门会同信息化管理部门共同组织工程验收,验收完成后将工程相关资料移交给信息化管理部门,相关图纸中应详细标注所有管道的管径、走向等信息。

校内外单位未经校园规划建设部门和信息化管理部门允许,不得在校园内自行建设信息管网。

第八条 线缆敷设。线缆敷设按照"集中敷设、按需使用"的原则进行,计算机网络光缆资源由信息中心负责集中敷设,校内单位根据业务需要申请使用,校外单位申请租用;确因特殊业务需要,需自行敷设的,经信息化管理部门批准后方可敷设。

线缆必须地下敷设,严禁架空。如因工程建设需要空中架设临时线缆时,须经校园建设规划和管理委员会部门和信息化管理部门审批通过后方可挂牌实施,用后即拆。

第四章 施工管理

第九条 施工管理。为保障信息管网和线缆资源的规范管理,各相关单位须相互配合,加强施工过程管理。

信息管网的建设与修缮施工按照学校基建修缮管理相关办法执行。

线缆敷设及维护工作按照以下流程处理。

(1)施工前。相关单位与信息中心充分沟通,形成技术管理文档,并向信息化管理部门和保卫部门报备。

(2)施工时。施工单位须遵守学校各项规定,施工现场竖立施工标牌。没有施工标牌的,保卫部门有权予以制止并根据情况进行处置。

(3)施工完成后。信息中心和施工相关单位向信息化管理部门提出验收申请并提交相关资料,相关图纸中应详细标注所敷设光缆根数、芯数、所使用管道、路由、交接位置等信息。

第十条 规范标示。在人手井、光交箱、转角、接头、盘留处及无遮挡物处的所有管道与线缆必须挂标牌,明确标示。光缆标识内容包括:起点和终点位置、光缆编号、芯数、长度、建设单位、挂牌日期等信息。标牌采用金属材质,颜色和长度等规范、统一。标识规范见附件 6.6.1。

直埋线缆处需竖立石材标识"地下有线缆,严禁开挖破坏"。直埋线缆是指敷设线路处地下因无统一建设的管道或管沟而直接埋入地下的线缆。直埋光缆应设置保护套后再埋入。

第五章 使用与安全管理

第十一条 使用原则。校内单位根据需要申请使用信息管网与线缆资源,与学校开展数字信息业务合作的校外单位可根据需要申请租用信息管网与线缆资源。

获得批准使用的信息管网及线缆不得以任何方式转租借给个人、社会组织或团体使用。

第十二条 准入管理。信息化管理部门负责审批校内外单位使(租)用学校信息管道与线缆的申请。申请表见附件6.6.2。

第十三条 分配管理。按照"内外分管、资源共享、安全可靠、统筹分配"的原则,信息化管理部门根据用户需求和信息管网资源情况分配管道或管沟,信息中心负责分配具体的光缆或纤芯。

第十四条 使用管理。信息中心根据实际使用情况,建立信息管网及光缆资源的使用明细台账。台账信息包括管道及线缆使(租)用单位、光纤分配信息、光缆交接箱内光纤交接明细、管线巡查记录、管线运维记录、租用信息、联系人员信息等。

第十五条 运维与应急处置。信息中心统筹负责地下信息管网、线缆管理、运维以及应急处置工作,其他单位及人员未获授权不得实施运维与应急处置工作。具体运维操作由线缆敷设单位各自负责。

第十六条 安全管理。任何单位和个人不得以任何方式破坏校园信息管网及其线缆资源的安全,不得挪动、毁坏各种标识,未经信息化管理部门授权不得对信息管网和线缆资源进行任何操作。

第十七条 监督巡查。学校将对信息管网及线缆的相关施工进行巡查,未经允许建设的信息管网或未经允许敷设的线缆,将予以拆除;未按规范要求施工的,将督促整改,拒不整改的,予以拆除。

第六章 罚则

第十八条 任何单位和个人,未经允许,私自敷设、使用、出租出借信息管网和线缆的,学校将责令整改并追究相关人员责任,由此引发的纠纷由当事人负责解决;损坏信息管道、线缆及其相关配套设施的,将追究相关人员经济赔偿责任;危害校园网络与信息安全的,将追究相关人员法律责任。

第七章 附则

第十九条　校内现有架空通信线缆应逐步改用地下信息管网和光缆,具体工作由信息化管理部门统筹安排,线缆所属相关单位配合。

第二十条　本办法自公布之日起实施,由信息化管理部门负责解释。

附件:6.6.1　信息管网及线缆标识牌规范

　　　6.6.2　信息管网及线缆使(租)用申请表

附件 6.6.1

信息管网及线缆标识牌规范

一、标识牌总体要求

标识牌的材质、印刷质量、固定质量须满足使用年限不少于10年的标准,要求标示内容清晰、规范,通过标识牌颜色能轻易分辨校园计算机网络、专用网络、公用网络等。

二、标识牌材质

管道标识使用金属不锈钢或铝合金材质,线缆标识采用金属不锈钢材质、硬质塑料或软塑料材质等,具体材质的选择将根据实际情况而定。

三、标识牌长度

线缆标识牌长度为 15 cm,宽度为 2 cm,管道标识牌为 10 cm * 5 cm。

四、标识格式

1. 线缆标识

标识信息包括:线缆编号、线缆型号、芯数、长度、始点、终点、使用单位、挂牌日期。标识格式如下。

编号:GLXXX	材质:×× ×	型号:×× ×	芯数:×× ×	长度:×× ×
始点:×× ×		终点:×× ×		
使用单位:×× ×		挂牌日期:yyyy-mm-dd		

2. 纤芯标识

标识信息包括:线缆编号、线缆型号、芯数、长度、始点、终点、使用单位、挂牌日期。

3. 管道标识

标识信息包括:管道编号、始点、终点、使用单位、挂牌日期。标识格式如下。

编号:GDXXX		材质:×× ×	
始点:×× ×		终点:×× ×	
使用单位:×× ×			
挂牌日期:yyyy-mm-dd			

(1) 线缆和管道的标识格式为 AAXXX,其中,AA 为字母,光缆标识字母为 GL,铜缆标识字母为 TL,管道标识字母为 GD,XXX 为三位整数编码,范围为 001—999,编号顺序原则为从东到西依次递增,从南到北依次递增;

(2) 始端为管道/线缆的起始位置,终端为管道/线缆的终点位置;

(3) 挂牌日期为 8 位数字格式:yyyy-mm-dd。

五、标识颜色

为各使用单位分配不同且有明显差异的标识颜色。

六、标识牌固定

1. 管道标识牌的固定

管道标识牌固定在人手孔混凝土块上,可直接固定,或通过卡槽插牌方式固定。

2. 线缆标识牌的固定

带孔的标示牌:标牌两端各有一圆孔,通过扎线带将其固定在线缆上。

无孔标示牌:将标识牌一端通过回扣胶粘方式固定。

附件 6.6.2

信息管网及线缆使(租)用申请表

申请单位					
联系人	座机	手机	邮箱	QQ 号	
信息管网使(租)用申请					
用途说明					

续表

起始位置 (具体到路段、人手井编号或光交接箱编号)	
终止位置 (具体到路段、人手井编号或光交接箱编号)	

光缆资源使(租)用申请		
起始位置(具体到路段、人手井编号或光交接箱编号)	终止位置(具体到路段、人手井编号或光交接箱编号)	光缆芯数需求

申请单位意见	本单位声明以上内容真实准确,并承诺遵守学校信息管网及线缆资源相关管理规定,承诺不利用校园网络资源从事违反国家法律法规和学校各项规定的行为,承担相应的安全责任。 单位负责人签字:　　　　　　日期:　　　　(单位公章) (校内单位应由二级单位主要负责人或信息化工作分管领导签字;校外单位应由申请单位负责人签字)

续表

信息化管理 部门意见	同意以上单位　<u>使用/租用</u>　以上信息管网及线缆资源。 签字：　　　　　　日期：　　　　　　（单位公章） （单位主要负责人或分管领导签字）
信息中心 处理记录	

说明：1.校内单位可申请使用学校信息管网及线缆资源。
　　　2.校外单位可申请租用学校信息管网及线缆资源,申请时请附上相关协议。
　　　3.联系方式
信息化管理部门　电话：
地址：
信息中心　电话：
地址：

7

网站和信息系统管理类

7.1 互联网站管理办法

解析 互联网站是学校发布信息的重要载体,是学校信息化建设的重要内容之一,也是容易引起网络安全的重要风险点,因此,必须加强对互联网站的管理,通过制定《互联网站管理办法》明确管理的基本要求。"总则"一章明确了互联网站的定义,本文件所指的互联网站是指"利用学校互联网络域名或互联网 IP 地址设立的互联网站"。"设立"一章明确了互联网站设立的条件,所需遵守的法律法规、备案、注销、年审等要求。"相关主体职责与义务"一章明确了网站主办者、信息中心、信息化管理部门、宣传部门、保密部门等部门在互联网站建设运行方面的责任,即网站主办者负主体责任,信息化管理部门以及信息中心负责技术管理和技术支持,宣传部门负责内容管理,保密部门负责对内容进行涉密审查。随着对互联网站的严格管理,文件也应与时俱进,明确对"双非""单非"网站的管理要求。如果学校建设了网站群平台,还应明确各单位建设网站与网站群平台之间的关系及要求。

第一章 总则

第一条 为推进学校信息化,规范学校互联网信息服务活动,根据《互联网信息服务管理办法》《非经营性互联网信息服务备案管理办法》《互联网站管理工作细则》及其他相关法律法规、学校管理制度的规定,制定本办法。

第二条 利用学校互联网络域名或互联网 IP 地址设立互联网站,应当遵守本办法。

本办法所称学校互联网 IP 地址,包括使用互联网络域名解析到学校互联网 IP 地址的情形。

本办法所称设立互联网站,是指通过互联网提供信息服务的活动,包括设立网络信息系统。

本办法中,如无特殊说明,"互联网站"均特指利用学校互联网络域名或互联网 IP 地址设立的互联网站。

第二章 设立

第三条 设立互联网站应当在信息化管理部门备案。未履行备案手续的,不得设立互联网站。

第四条 互联网站涉及以下服务项目的,须依照法律、行政法规以及国家有关规定,获得国家有关主管部门许可之后,再向信息化管理部门办理备案手续:

(1) 从事互联网新闻信息服务;

(2) 提供由互联网用户向公众发布信息的服务;

(3) 提供互联网信息搜索服务;

(4) 从事文化、出版、视听节目、教育、医疗保健、药品和医疗器械等互联网信息服务。

本办法所称新闻信息,是指时政类新闻信息,包括有关政治、经济、军事、外交等社会公共事务的报道、评论,以及有关社会突发事件的报道、评论。本办法所称互联网新闻信息服务,包括通过互联网登载新闻信息、提供时政类电子公告服务和向公众发送时政类通信信息。

本办法所称文化,是指网络音像(含 VOD、DV 等)、网络游戏、网络演出剧(节)目、网络艺术品、网络动漫画(含 FLASH 等)等。

第五条 任何单位或个人不得利用学校互联网络域名或互联网 IP 地址从事有偿互联网信息服务。

第六条 除信息化管理部门批准、学校有关单位统一建设的面向师生员工或校友服务的个人网站(包括但不限于:博客、微博客、个人论坛、个人主页等)外,不允许任何单位或个人利用学校互联网络域名或互联网 IP 地址等设立个人网站。

第七条 学校建制单位设立单位互联网站,应使用学校互联网络域名。

第三章 备案管理

第八条 在履行备案手续时,应当向信息化管理部门提供以下材料。

(1) 设立互联网站的目的、信息服务功能说明、服务项目说明。

(2) 网站管理人员基本情况。其中,网站责任人应为网站主管部门的在编在职教职工。

(3) 网站主管部门主要负责人签署的审核意见。

(4) 从事本办法第四条所列举的互联网信息服务项目的,应提供国家有关主管部门的许可文件。

设立互联网站,应当具备符合国家规定的网络安全与信息安全管理制度和技术保障措施。

第九条 网站主办者在备案有效期内需要变更其备案信息的,应当在相关变更发生之日起30日内向信息化管理部门履行备案变更手续。

第十条 网站主办者在备案有效期内需要终止提供服务的,应当在服务终止之日起30日内向信息化管理部门履行备案注销手续。

第十一条 信息化管理部门对互联网站备案实行年度审核。

网站主办者应当在每年规定时间向信息化管理部门履行年度审核手续。

第十二条 网站主办者违反国家有关法律规定或学校有关规章制度,应暂停或终止服务的,信息化管理部门可暂时关闭网站,或关闭网站并注销备案。

在年度审核时,网站主办者未在规定时间提交年度审核信息的,信息化管理部门责令其限期改正;拒不改正的,关闭网站并注销备案。

第四章 相关主体职责与义务

第十三条 网站主办者应依法开展互联网信息服务业务。

(1) 应当保证网站的互联网络域名或IP地址下所包括的所有信息内容合法。

(2) 应当建立网络安全与信息安全管理、公共信息巡查、应急处置、用户信息安全管理等制度及具备安全防范措施。

(3) 应当记录所发布的信息和服务对象所发布的信息,并保存6个月。应当记录网站运行日志信息,并保存12个月。

(4) 应当保证备案信息内容的真实准确。

(5) 配合有关部门的信息安全检查、网站信息内容检查、保密审查工作。

第十四条 信息中心加强对所接入、所解析互联网站的管理。

(1) 对使用学校互联网IP地址的网站,作为提供互联网接入服务的主体,履行国家法律法规赋予接入提供者的职责和义务。

(2) 对未经信息化管理部门备案的网站,或未通过年度审核的网站,停止接入服务,或停止互联网络域名解析服务。

(3) 建立信息安全日常监测预警机制,定期对学校各互联网站和网络信息系统开展恶意代码检测、安全漏洞检测工作。

第十五条 信息化管理部门负责全校互联网站的备案管理和年度审核工作。

(1) 对互联网站备案信息进行日常审核。

(2) 负责互联网站年度审核工作。

第十六条 宣传部门负责全校互联网站信息内容审查工作。

(1) 对互联网站信息内容进行日常监测。

(2) 对互联网站信息内容进行年度审核。

第十七条 学校保密部门负责全校互联网站的保密审查工作。

(1) 对互联网站执行保密法律法规的情况进行定期检查。

(2) 检查网站主办者保密管理情况和信息公开保密审查情况。

第十八条 学校各二级单位应规范本单位互联网站建设管理。

(1) 规范本单位、本单位所属机构、本单位教职员工利用学校互联网络域名或互联网 IP 地址设立互联网站的活动。

(2) 二级单位主要负责人审核本单位、本单位所属机构、本单位教职员工利用学校互联网络域名或互联网 IP 地址设立互联网站的备案申请和年度审核申请。

第五章 附则

第十九条 本办法施行前利用学校互联网络域名或互联网 IP 地址设立互联网站的,应当自本办法施行之日起 60 天内依照本办法的有关规定补办备案手续。

第二十条 本办法自发布之日起施行,由信息化管理部门负责解释。

7.2 主页建设管理办法

解析 主页,俗称官网,是学校最为重要的网站,其建设水平和安全性事关学校形象和安全稳定,因此必须重视主页建设。《主页建设管理办法》就是为规范和加强主页建设出台的规章制度。"总则"部分明确了主页的中英文域名,主页建设坚持的原则是"统筹规划,统一管理,职责清晰,更新及时"。"主页栏目及内容"一章确定了主页的各个栏目、子栏目及内容,是主页的总体框架,也为后面的部门分工提供划分的依据。"管理部门与职责"一章明确了各建设部门的职责,其中,主页是个综合性网站,内容较为广泛和复杂,不是哪个部门可以单独完成的,必须由相关部门根据各自业务来提供中英文页面的内容,涉及的部门主要包括信息化管理部门、信息中心、宣传部门、校办、人事部门、教务部门、科研管理部门、学科建设部门、学工部门、国际教育部门、校友办等。"系统管理与内容更新"一章明确了主页的管理和更新流程,其中,主页的系统管理由信息技术部门负责,内容由各部门提供给宣传部门或国际交流部门,由其审核后上网更新。"保密工作要求"一章明确了"涉密不上网,上网不涉密"的要求,避免主页成为泄密的载体。"日常监控与应急管理"一章明确了主页的日常监控和应急处置流程。

第一章 总则

第一条 学校主页(以下简称"主页")是学校重要的对外形象宣传窗口和信息发布平台。为建设管理好主页,根据《信息化管理工作条例》《互联网站管理办法》《网络与信息技术安全管理办法》等文件,制定本办法。

第二条 主页分为中文版和英文版,对应的域名分别为:www.xxx.edu.cn 和 english.xxx.edu.cn。

第三条 主页的建设管理坚持"统筹规划,统一管理,职责清晰,更新及时"原则。主页设计应反映学校办学特色,展示学校水平。

第二章 主页栏目及内容

第四条 中文版主页的主要栏目、子栏目和主要内容包括:
学校概况:学校简介、历史沿革、学校领导、组织机构等;
院系设置:学校各院(系)列表;

师资队伍:学校人才及师资情况;

教育教学:本科生教育、研究生教育、留学生教育、继续教育等;

学科建设:重点学科、本科专业、硕士学位授权一级学科、博士学位授权一级学科、博士后流动站等;

科学研究:科研机构、科研管理、校企合作等;

招生就业:本科生招生、研究生招生、留学生招生、继续教育招生、本科生就业、研究生就业等;

合作交流:国际会议、科技合作、国际交流;

文化生活:校园生活、服务信息、讲座论坛、校园风光、校园地图等;

通知公告:学校各类重要通知、公告等信息;

学校新闻:学校要闻、综合新闻、学生学者学术、专题专栏等;

快速访问:根据学生、教职工、校友、访客等不同身份分别设置常用的网站或信息的链接。

第五条 英文版主页的主要栏目包括 About、Admission、Academics、Research、Faculty、Internationalization、Alumni 等。

中英文主页栏目和内容的设置可根据实际工作需要进行调整。

第三章 管理部门与职责

第六条 中文版主页建设与管理相关部门及其职责如下。

1. 信息化管理部门

(1)统筹主页建设及其信息技术安全;

(2)会同校办等部门协调校内各单位在主页建设中的关系;

(3)保障主页建设及后期运维所需经费。

2. 信息中心

(1)负责主页系统的技术实现;

(2)负责主页服务器及其运行环境的管理与维护;

(3)负责运维支持与安全技术保障。

3. 宣传部门

(1)负责主页的栏目设置、页面设计;

(2)负责审核主页各栏目内容更新;

(3)保障主页信息内容安全;

(4)负责主页的新闻及专题内容编辑更新。

4. 校长办公室

(1)主页通知公告的审核发布管理;

(2) 主页建设维护工作的协调配合；

(3) 负责提供学校概况中学校简介、学校领导和组织机构栏目中页面的内容。

5. 外事部门

负责提供合作交流栏目中国际交流页面的内容。

6. 校史研究室

负责提供历史沿革栏目页面的内容。

7. 科研管理部门

(1) 负责提供科学研究栏目页面的内容；

(2) 负责提供合作交流栏目中的科技合作页面的内容。

8. 人事部门

(1) 负责提供院系设置、师资队伍、博士后流动站等栏目页面的内容；

(2) 负责提供教职工页面中快速访问的链接网站。

9. 学科建设部门

负责提供学科建设栏目页面的内容。

10. 教务部门

负责提供本科教育栏目页面的内容。

11. 研究生管理部门

(1) 负责提供研究生教育、研究生招生、研究生就业等栏目页面的内容；

(2) 负责提供学生页面中研究生快速访问的链接网站。

12. 学生工作部门

(1) 负责提供本科生招生、本科生就业等栏目页面的内容；

(2) 负责提供学生页面中本科生快速访问的链接网站。

13. 国际教育部门

(1) 负责提供留学生教育、留学生招生等栏目页面的内容；

(2) 负责提供学生页面中留学生快速访问的链接网站。

14. 成人教育部门

(1) 负责提供继续教育学生招生栏目页面的内容；

(2) 负责提供学生页面中远程与继续教育学生快速访问的链接网站。

15. 校友工作部门

负责提供校友页面中快速访问的链接网站。

16. 其他职能部门及二级单位

根据本单位所负责业务，负责提供相关页面的内容。

第七条 英文版主页的设计、栏目、内容及部门分工由外事部门负责；系统支持与环境保障由信息中心负责;建设经费保障由信息化管理部门负责。

英文版主页相关栏目和内容的分工如下:

校办管理部门负责提供 About 页面相关内容;校史研究单位负责提供 About 页面有关学校历史 History 页面相关内容;科学技术发展部门、人文社会科学部门负责提供 Research 页面相关内容;人事部门负责提供 Faculty 页面相关内容;教务部门负责提供 Academics 页面相关内容;国际教育部门负责提供 Admission 页面相关内容;校友工作部门负责提供 Alumni 页面相关内容;其他职能部门及二级单位负责提供英文版主页相关页面内容;相关单位负责提供英文版主页内容对应的中文材料,外事部门负责组织编译。

第四章 系统管理与内容更新

第八条 主页系统的服务器及网站群平台系统由信息中心负责管理;中文版主页的后台内容管理系统由宣传部门负责;英文版主页的后台内容管理系统由外事部门负责。宣传部门和外事部门可根据工作需要,在后台内容管理系统中为相关单位建立管理账号,赋予相应权限。

第九条 主页内容更新流程如下:

(1)校内相关单位在所负责的主页页面需要更新时,向宣传部门、外事部门提出更新要求,并按照格式提供资料;

(2)宣传部门、外事部门审核后,负责完成主页资料的上传更新等工作。必要时,宣传部门、外事部门将更新材料报学校领导审批。

第十条 各相关单位应经常关注本单位所负责页面的内容,及时提出更新要求,并提供更新资料,保障本单位所负责页面内容合法合规、真实有效和准确及时。

第五章 保密工作要求

第十一条 根据"上网不涉密、涉密不上网"要求,各单位在提供主页材料时应严格审查程序,防止出现任何涉密内容。涉密内容的认定由学校保密委员会部门负责。一旦出现网页泄密事件,按照"谁提供、谁负责,谁审核、谁负责"的原则追究责任。

第六章 日常监控与应急管理

第十二条 为保证主页正常运行,应做好日常监控工作。宣传部门和外事部门分别负责校中文版主页和英文版主页内容的日常监控,信息中心负责主页的网站群系统及运行环境安全的日常监控。

第十三条 当发现主页内容有误或不恰当时,宣传部门和外事部门应及时进行修正。当主页遭到恶意篡改时,信息中心应立即查找分析技术原因、修补漏洞并保障后续正常运行,宣传部门和外事部门应立即将页面内容恢复为正确内容。必要时,按照《信息技术安全事件报告与处置流程》进行处置。

第十四条 各相关单位应指定本单位主页资料提供人员以及审核人员,并且确保二者为不同人员。主页服务器、系统等日志及相关操作记录应保留至少6个月备查。

第七章 附则

第十五条 本办法自发布之日起实施,此前发布的有关文件规定与本办法不一致的,以本办法为准。本办法由信息化管理部门负责解释。

7.3　网站群建设管理办法

解析　随着网站群平台技术的日益成熟和高校对网站安全的要求越来越迫切,网站群平台成为学校重要信息化的基础平台。大多数高校都要求将尽可能多的网站纳入网站群平台中进行统一建设和管理,因此出台《网站群建设管理办法》就非常必要。本文件"总则"一章明确了网站群的定义,以及网站群建设管理原则为"统一规划、统一建设、分级管理、各负其责"。"职责与分工"一章明确了信息化管理部门、信息中心、宣传部门、校办、保密部门等各部门对网站群平台建设和管理的职责,各二级单位要将本单位网站迁入网站群平台或者在网站群平台中建设,并对本单位网站负主体责任,做好信息采集、内容审核、信息发布、账号管理等工作。"网站群建设"一章主要明确了网站入群的申请流程、入驻单位与信息中心分工、内容要求、资源共享要求等。"安全管理"一章主要明确了网站群平台的技术安全、内容安全、账号安全等,由于网站群内网站越多,就越容易成为攻击者的目标,所以必须全面加强安全管理。"罚则"一章明确了因账号泄露、审核不严等因素造成网站出现违法信息、虚假信息、经营性信息、涉密信息等的处罚措施。

第一章　总则

第一条　为规范学校网站群管理,根据《互联网信息服务管理办法》《信息化管理工作条例》《网络与信息技术安全管理办法》和《互联网站管理办法》等文件,结合学校信息化实际,制定本办法。

第二条　本办法所称网站群,是指学校网站群平台及建立在网站群平台上的各类网站(以下统称为"入驻网站")的集合。

第三条　按照"统一规划、统一建设、分级管理、各负其责"原则建设和管理学校网站群。网站群平台由学校统一规划和建设;网站群平台实行分级管理;网站群平台整体建设与运行、入驻网站的技术实现由信息中心负责,入驻网站的功能与设计需求、内容维护与内容安全由网站所属单位负责。

第二章　职责与分工

第四条　部门职责。网站建设与运行管理相关部门及其职责如下。

1. 信息化管理部门

(1) 制定网站群总体建设规划及目标;

(2) 制定网站群相关的管理制度;

(3) 统筹管理网站群,会同党办、校办和宣传部门等相关部门协调解决网站群管理过程中出现的重大问题;

(4) 会同宣传部门对各单位网站入驻网站群平台的申请进行审批与备案;

(5) 组织网站群平台技术安全应急预案演练;

(6) 保障网站群建设及其日常运维所需的信息化经费。

2. 信息中心

(1) 负责网站群总体规划和建设目标的技术实现;

(2) 负责网站群平台及其运行环境的搭建与运维管理,从技术上保障网站群平台安全、稳定、可靠运行;

(3) 负责网站群平台入驻网站的开站、技术更新和关闭等工作;

(4) 负责制定网站群平台的技术标准、安全规范及运维管理制度;

(5) 提供网站群平台网站建设与使用相关的技术咨询与培训服务。

3. 宣传部门

(1) 制定网站群平台网站内容发布审核与管理制度;

(2) 落实入驻网站管理员及管理权限审核,签订互联网站内容安全责任书;

(3) 监管网站群平台发布内容的更新与安全;

(4) 负责各网站与校主页之间新闻等栏目推送内容的审核与发布;

(5) 会同信息化管理部门等部门对各单位网站入驻网站群平台的申请进行审批,协调解决网站群平台管理过程中出现的重大问题;

(6) 组织网站群的绩效评估与考核工作。

4. 校长办公室

(1) 负责对校主页"通知公告"栏内容的审核与发布;

(2) 配合信息化管理部门等相关部门协调解决网站群管理过程中出现的重大问题。

5. 保密部门

负责对入驻网站的网页进行保密检查,对网站违规发布涉密内容进行认定、处理与追责。

6. 各二级单位

(1) 单位主要负责人作为第一责任人,对网站内容安全负责,确保本单位

入驻网站发布的内容不涉密、合法合规、真实有效、准确及时;

（2）根据学校相关规定,建立健全并落实入驻网站的信息采集、内容审核、信息发布、账号管理等制度;

（3）落实本单位入驻网站管理员及其权限,并向信息化管理部门和宣传部报备。

第三章 网站群建设

第五条 网站群平台与网站。为保障学校各类互联网站的信息安全,各单位以信息发布为主的网站,应主要利用学校网站群平台进行建设,参照《网络与信息技术安全管理办法》中"互联网站建设管理"相关要求进行管理。对于未纳入学校网站群平台、自行建设的网站,其技术安全和内容安全均由网站主办者和网站所属学校二级单位负责。

第六条 申请流程。网站群平台采用准入制。网站主管单位（网站所属的学校二级单位）向信息化管理部门提交网站入驻网站群平台申请,信息化管理部门会同宣传部门对入驻申请进行审批。

第七条 职责分工。经批准入驻的网站可选用新建或迁移方式入驻网站群。网站主管单位负责网站版面设计、栏目设置以及页面内容更新维护;信息中心负责技术实现,配合网站主管单位完成网站建设管理工作。

第八条 内容要求。入驻网站的内容应与学校教学、科研、文化、管理和服务等相关,主要用于面向社会和师生宣传学校或本单位。严禁利用网站从事任何营利活动。

第九条 资源共享。为保障学校主页与各网站的资源共享,网站群平台启用内容同步机制,各网站拟推送至学校主页的内容由宣传部门负责审核与发布,学校主页向各网站推送的内容,由宣传部门负责推送。

第四章 安全管理

第十条 技术安全。信息中心为网站群平台及其运行环境提供统一的技术安全支持与管理服务,包括系统配置、账号授权管理、数据备份及安全技术防护等;采用技术手段对网络攻击、系统漏洞及网站内容进行监控与检测,保障网站群平台稳定、安全、高效运行。

第十一条 内容安全。内容安全是指网站发布或转发的内容合法、合规、不涉密、真实准确等,网站内容（包括链接）不得含有包括但不仅限于以下内容:非法、有害或虚假等信息,侵犯他人或组织合法权益等信息。

各入驻网站主管单位按照国家及学校相关规定落实网站内容管理;宣传

部门负责对入驻网站内容安全进行监管；保密部门负责对网站上传内容实施保密监督检查，并对涉密内容进行认定和处置。

第十二条　人员管理。网站群平台采用分级授权管理模式，各级管理员必须是学校在编在岗人员，并由入驻网站主管单位向信息化管理部门和宣传部门报备。管理员信息发生异动时，应及时到上述部门更新备案信息。

第十三条　账号安全。网站群平台各级管理员，负责相应岗位的管理工作，负责保管所负责账号和密码的安全。

系统账号及相关权限由信息中心负责管理；网站管理账号及其权限由信息中心生成后交网站主管单位管理。

第十四条　技术培训。各单位网站管理员上岗前必须参加信息中心组织的技术培训，离岗时相关单位应及时报送信息化管理部门和宣传部门，由信息中心及时收回相关权限。

第十五条　信息发布。信息发布坚持"涉密不上网、上网不涉密"和"谁发布、谁负责"的原则，确保发布的信息合法合规、真实有效、准确及时，符合信息公开相关要求。

入驻网站发布的信息必须严格遵守国家法律法规，严禁制作、复制、发布、传播含有违反《互联网信息服务管理办法》（国务院令第292号）第十五条所列内容。

第十六条　信息审核。网站主管单位应制定网站信息发布管理办法与流程，落实网站栏目信息的采编、维护、审核、发布、更新和报送等工作的责任人及相关职责，严格信息发布审核程序，确保未经审核的信息不上网发布。

网站拟转载已公布信息时，网站主管单位须依据国家相关规定对内容及转载权进行审核，通过审核的方可转载。

第十七条　外部链接审核。入驻网站上拟设置校外网站或网页链接的，网站主管单位须对链接的网站或网页内容进行审核，通过审核的方可设置。同时，网站主管单位须巡查链接内容，保证链接的合法合规及有效性。一旦发现链接有问题时，应立即删除相关链接。

第十八条　事件处置。网站群平台或入驻网站发生安全事件时，应立即启动应急预案，并按照《信息技术安全事件报告与处置流程》进行处置。

第五章　罚则

第十九条　责任追究。因网站群平台或入驻网站管理员疏于职守、账号密码泄露、账号借与他人、审核不严等原因而导致发生网站安全事件或不良后果的，追究相关责任人的直接责任，追究单位负责人领导责任；盗用管理员账号的,追究盗用人员的法律责任。

违反本办法规定,发布违反国家法律法规的内容或发布虚假信息、经营性信息、涉密信息等内容的,追究相关编辑和审核人员的直接责任,追究单位负责人的领导责任。情节严重的,将依法移送司法部门处置。

第六章 附则

第二十条 本办法施行前已建的以信息发布为主的网站,应在本办法施行之日起,办理网站入驻网站群平台相关申请手续,并按照学校统一安排推进网站入驻工作。

对于未纳入学校网站群平台建设的网站,网站责任单位应配备相应的技术力量保障网站技术安全,并参照本办法建立信息发布、审核等管理制度,确保网站内容安全。

第二十一条 本办法自发布之日起施行,由信息化管理部门负责解释。本办法与此前学校已发布的有关文件不一致的,以本办法为准。

附件:7.3.1 网站群平台入驻网站申请表

附件 7.3.1

网站群平台入驻网站申请表

单位名称				
网站名称		域名/网址	_____.xxx.edu.cn □已有 □待申请	
网站管理员	人员编号		姓名	
	联系电话		电子邮件	
单位意见	申请理由:_____ 承诺:我单位将严格遵照学校网站群及互联网站管理相关规定,保障网站内容安全。 主要负责人签字(单位盖章): 年 月 日			

续表

宣传部门意见	
信息化管理部门意见	
信息中心办理	

7.4 教师个人主页系统建设管理办法

解析 因学校网络安全工作需要以及教师对个人主页的需求,由学校统一建设一套教师个人主页系统,为教师提供免费、易用、可控的个人主页服务是非常必要的。《教师个人主页系统建设管理办法》可用来规范教师个人主页系统的建设、管理、运行和维护。"总则"一章明确了教师个人主页系统的定义、语言版本及其域名和建设管理原则,明确了内容一致性原则。教师个人主页将成为介绍教师个人相关信息的权威网站,其他系统需要介绍教师个人时,一律链接到教师个人主页,防止信息在多个地方展示时出现不一致的情况。"职责与分工"一章将个人主页系统建设涉及的信息化管理部门、信息中心、宣传部门、人事部门、保密部门、二级单位及其职责一一列举出来。"个人主页建设"一章明确了个人主页的开通、关闭流程及内容要求。"安全管理"一章涵盖了技术安全、内容安全、账号安全、外部链接审核及安全事件处置等,确保教师个人主页的正常运行和内容安全。

第一章 总则

第一条 教师个人主页系统是由学校统一规划和建设,为学校教师提供展示个人学术研究与教学工作及成果的平台。为建设管理好教师个人主页系统,根据《信息化管理工作条例》《互联网站管理办法》《网络与信息技术安全管理办法》等文件,制定本办法。

第二条 个人主页系统。个人主页系统包括个人主页平台和个人主页。个人主页平台是集中管理个人主页空间的信息系统,教师可通过个人主页平台制作、管理和更新自己的个人主页;个人主页是教师个人制作发布的展示本人教学、科研等学术成果的网页。

第三条 语言版本。个人主页平台分为中文版和英文版,对应的域名分别为:faculty.xxx.edu.cn 和 faculty-en.xxx.edu.cn。

第四条 建设管理原则。个人主页系统按照"统一规划、统一建设、分级管理、各负其责"原则建设和管理。个人主页平台的建设、运维、安全防护和总体管理由信息中心负责,个人主页内容维护与内容安全由所属教师个人负责。

第五条 内容一致性管理。为保证教师个人科研、教学等工作信息的一致性和及时性,除特殊情况外,全校其他网站有涉及教师个人相关信息内容的,一律采用链接至对应教师个人主页的方式处理。

第二章 职责与分工

第六条 部门职责。个人主页平台建设与运行管理相关部门及其职责如下。

1. 信息化管理部门

(1) 负责个人主页系统规划;

(2) 统筹管理个人主页系统,会同人事部门和宣传部门等相关部门协调解决个人主页管理过程中出现的问题;

(3) 保障个人主页系统建设及其日常运维所需的信息化经费。

2. 信息中心

(1) 负责个人主页系统的建设;

(2) 负责个人主页平台的运行与维护,从技术上保障平台安全、稳定、可靠运行;

(3) 负责个人主页的开通、技术更新和关闭等工作;

(4) 负责制定个人主页平台的技术标准、安全规范及运维管理制度;

(5) 提供个人主页平台相关的技术咨询与培训。

3. 宣传部门

(1) 对违反意识形态相关规定的内容进行认定、处理与追责;

(2) 会同信息化管理部门等相关部门协调解决个人主页系统管理过程中出现的问题。

4. 人事部门

会同信息化管理部门等相关部门协调解决个人主页管理过程中出现的问题。

5. 保密部门

负责对个人主页违规发布的涉密内容实施认定、处置与追责,并联合信息化管理部门定期开展专项保密检查。

6. 各二级单位

(1) 负责审核和监管本单位教师个人主页的内容,主要包括意识形态、是否涉密、合法合规性等;

(2) 负责做好本单位主页中"师资队伍"等教师个人介绍类内容到个人主页相应页面的链接;

(3) 配合有关部门做好在本单位教师的个人主页系统使用推广、建设指导等工作。

第三章 个人主页建设

第七条 个人主页开通。个人主页平台用户来源为学校基础数据库中的人事基础数据，教师可通过学校统一身份认证登录后使用平台提供的模板制作自己的个人主页。制作完成后，教师在平台内提交开通申请，经所在二级单位审核通过后由信息中心开通。

第八条 个人主页关闭。个人主页平台用户状态与学校基础数据库保持同步，教师因调动、辞职、合同期满不再续聘等原因离开学校的，其个人主页自动关闭。教师为离退休、病休等其他非在岗状态的，信息中心根据人事部门或所在单位意见选择继续保留或关闭。

第九条 内容要求。教师个人主页包含个人信息、科研信息、教学信息、获奖信息、招生信息等与本人本职工作相关的内容，主要用于面向社会和师生介绍教师个人教学科研情况及相关成果，起到促进招生及学术交流等作用。严禁利用个人主页发布与本人本职工作无关或《互联网信息服务管理办法》（国务院令第292号）第十五条及学校规定明令禁止的内容。教师主页内容及其更新经所在二级单位审核通过后方可发布。

第四章 安全管理

第十条 技术安全。信息中心为个人主页平台及其运行环境提供统一的技术安全支持与管理服务，包括系统配置、账号授权管理、数据备份及安全技术防护等；采用技术手段对网络攻击、系统漏洞进行监控与检测，保障个人主页平台稳定、安全、高效运行。

第十一条 内容安全。内容安全是指个人主页发布或转发的内容合法、合规、不涉密、真实准确等，主页内容（包括链接）不得含有包括但不限于以下内容：非法、有害或虚假等信息，侵犯他人或组织合法权益等信息。

个人主页内容管理遵循"涉密不上网、上网不涉密"和"谁发布、谁负责"的原则。教师应严格遵守国家及学校对网站内容的相关规定，并按照本办法第九条规定的要求管理和维护个人主页内容，对所发布内容的真实性和合法性负责，并承担由于所发布虚假或错误等内容带来的一切后果。

第十二条 账号安全。个人主页平台与学校统一身份认证系统集成，不单独设置用户账号密码。教师个人应妥善保管自己统一身份认证的账号和密码，并对利用本人统一身份认证账号进行的所有个人主页操作负责。

个人主页平台的系统账号及相关权限由信息中心负责管理。

第十三条 外部链接审核。个人主页需要设置校外网站或网页链接的，教师个人须对链接的网站或网页内容进行认真审核并对链接内容负责,保证链接内容合法合规。一旦发现链接有问题时,应立即删除。

第十四条 事件处置。个人主页系统发生安全事件时,应立即启动应急预案,并按照《信息技术安全事件报告与处置流程》进行处置。

第五章 罚则

第十五条 责任追究。因个人主页平台管理员或教师个人疏于职守、账号密码泄露、账号借与他人、审核不严等原因而导致发生安全事件或不良后果的,追究相关责任人的直接责任;盗用他人账号的,追究盗用人员的法律责任。

违反本办法规定,发布违反国家法律法规的内容或发布虚假信息、经营性信息、涉密信息等内容的,追究相关人员的直接责任。情节严重的,将依法移送司法部门处置。

第六章 附则

第十六条 本办法自发布之日起实施,由信息化管理部门负责解释。

7.5 电子邮箱及电子邮件系统管理办法

解析 电子邮件系统是学校非常重要的信息化基础设施,是师生最为常用的应用之一,对可靠性、稳定性要求极高。同时,电子邮件系统用户面广、影响力大,必须加强安全管理,确保电子邮件系统安全及邮件内容等信息的安全。本文件的"总则"一章明确了电子邮件系统、电子邮箱的定义以及电子邮箱的所有权和使用权,即学校对电子邮箱具有所有权,师生用户具有使用权。"职责与分工"一章明确了电子邮件系统相关单位及用户的责任。"电子邮箱的开通和终止"一章明确了邮箱开通和终止的条件。一般来说,邮箱通过共享学校基础数据库获得教职工及学生的基本信息后自动开通;教职工和学生离校后,服务即终止(可转为使用校友邮箱),为了确保平稳过渡,终止前应有一段时间的过渡期,过渡期后邮箱正式终止注销。电子邮箱使用过程中涉及安全与责任问题,需要在"电子邮箱使用管理"一章明确使用者的使用目的和责任,防止邮箱被滥用或用于非工作学习目的。"电子邮件系统运维管理"一章明确了系统运维的内容、规则、运行保障和数据备份,确保系统的稳定性和安全性。电子邮件系统面临诸多安全风险,"电子邮箱及电子邮件系统安全"一章明确了用户在电子邮箱登录、设置用户名和密码等方面的规则和要求,以及行为规范和违规处置,违规使用的应进行责任追究。电子邮件内容隐私是邮件安全的重要部分,需设立专门条款保护用户的电子邮件内容隐私。任何人员,包括邮件系统管理员均无权查看邮件内容,超级管理员的密码应采用"分段设置、分人保管"原则,各段密码由信息中心指定不同专人设置和保管。

第一章 总则

第一条 为规范学校电子邮箱的使用和管理,保障学校电子邮件系统安全高效运行,根据《中华人民共和国网络安全法》和《互联网电子邮件服务管理办法》等有关法律法规,结合我校实际,特制定本办法。

第二条 电子邮件系统。电子邮件系统是由学校统一建设、管理和运维,为在职教职工、在校学生和校内各单位(以下统称为用户)免费提供互联网电子邮件服务的公共服务信息系统,互联网域名为 xxx.edu.cn。未经批准,学校各单位不得自行单独建设电子邮件系统。

第三条 电子邮箱。电子邮箱是通过学校电子邮件系统为用户提供的用于工作与学习交流的电子信息空间。电子邮箱分为个人邮箱和公用邮箱，个人邮箱是指分配给在职教职工和在校学生使用的电子邮箱；公用邮箱是指经校内单位申请，分配给校内单位用于处理学校公务的电子邮箱。

电子邮箱的地址为"用户名（或别名）@xxx.edu.cn"。其中，个人邮箱的用户名为人员编号，公用邮箱的用户名与别名相同，别名为用户按照电子邮件系统规则设置的具备一定含义的字符串。

第四条 电子邮箱所有权与使用权。电子邮箱仅提供给学校在职教职工、在校学生及校内单位使用，不接受校外人员或单位申请。电子邮箱所有权属于学校，电子邮箱用户拥有使用权。

第二章 职责与分工

第五条 各单位主要职责和分工如下。

1. 信息化管理部门
(1) 负责电子邮件系统的规划；
(2) 负责电子邮件系统运维和管理中的组织协调；
(3) 负责电子邮箱使用的监督和检查。

2. 信息中心
(1) 负责电子邮件系统的建设、管理和运维；
(2) 负责电子邮件系统的安全防护；
(3) 负责为电子邮箱用户提供开通、终止、咨询及异常处理等服务。

3. 全校各单位
负责其主管业务领域及本单位范围内电子邮箱使用的监督检查，及时纠正未正确使用学校电子邮箱的情况。

第六条 电子邮箱用户责任。严格遵守相关法律法规及本办法正确使用电子邮箱，自觉维护个人邮箱或作为责任人的公用邮箱的安全。

第三章 电子邮箱的开通和终止

第七条 个人邮箱开通。在岗在编教职工和学籍在我校的新生入校后将获得一个个人邮箱。个人邮箱采用实名登记，自动开通。用户数据来源为学校基础数据库中的人事基础数据和学生基础数据。

第八条 个人邮箱终止。个人邮箱的用户状态与学校基础数据库保持同步。用户状态符合以下情况的，进入过渡期：
(1) 教职工因调动、辞职、合同期满不再续聘的；
(2) 学生因毕业、退学等原因离开学校的。

过渡期为三个月。过渡期内用户可继续使用其名下的个人邮箱处理未尽事宜；过渡期满或用户去世后，学校即收回个人邮箱的使用权。

第九条　公用邮箱申请。因工作需要，校内单位可申请处理公务的公用邮箱。公用邮箱应当明确用途、拟使用时限、责任人和使用人，通过学校网上办事大厅信息平台申请办理。公用邮箱的责任人必须为学校在岗在编教职工，使用时限一般不超过一年。

第十条　公用邮箱延期及终止。公用邮箱使用期限到期前的3个月内，责任人可通过学校网上办事大厅信息平台申请延长使用期限，一般每次延期不超过一年。公用邮箱使用期满后立即终止。

第十一条　电子邮箱终止与注销。电子邮箱终止后，所有功能停止服务，用户信息及电子邮件数据继续保存3个月。3个月后，电子邮箱注销，用户信息及电子邮件数据删除。

第四章　电子邮箱使用管理

第十二条　个人邮箱使用管理。在职教职工以学校教职工身份履行职务时，如参与教学、科研或管理服务等活动（以下简称公务活动），原则上必须使用学校个人邮箱。在校学生以学校学生身份在学习、科研及对外交流等活动中应使用学校个人邮箱。用户不得将个人邮箱以任何形式交由他人使用。

第十三条　公用邮箱使用管理。校内各单位使用电子邮件面向教职工和学生发送通知等信息时，必须使用学校公用邮箱，并且原则上只发送至学校个人邮箱。各单位应指派专人负责本单位公用邮箱的邮件收发与日常管理，严禁将邮箱授权给未备案人员使用或转让给其他单位使用，不得使用公用邮箱从事非学校公务活动。

第十四条　用户须知签署。用户须阅读并签署同意"电子邮箱用户须知"后，方可获得电子邮箱使用权。

第五章　电子邮件系统运维管理

第十五条　电子邮件系统运维内容。信息中心指定专人作为电子邮件系统管理员，负责电子邮件系统的运维管理，主要职责包括：

（1）负责电子邮件系统软硬件基础设施的日常管理和维护；

（2）负责电子邮件系统的各类参数及策略设置、账户管理、运行监控及故障处理等管理与维护；

（3）负责电子邮件系统数据的周期性备份和恢复；

（4）负责电子邮件系统的安全防护，防范电子邮件系统安全风险；

（5）负责处理电子邮箱用户反馈的各类技术问题。

第十六条　电子邮件系统运维规则。信息中心对电子邮件系统的运维与更新应严格遵循《信息系统建设与运行维护管理办法》的有关规定。

第十七条 电子邮件系统运行保障。除不可抗原因外,电子邮件系统服务的年可用率应达到99.9%,即每年总停止服务时间不多于8小时。因更新等原因计划性停止服务时,应至少在停止服务前24小时通知电子邮箱用户;因故障等原因非计划停止服务时,应在10分钟内通过有效渠道公告故障原因及预计恢复时间。

第十八条 电子邮件系统数据备份。电子邮件系统数据应进行周期性备份,保障归档的有效性。电子邮件系统的数据备份仅用于系统恢复,不得用于其他用途。

第六章 电子邮箱及电子邮件系统安全

第十九条 电子邮箱登录。电子邮箱用户可采用以下两种方式之一登录电子邮箱:

(1) 电子邮箱用户名或别名(以下统称账号)和密码;

(2) 学校统一身份认证账号和密码。

为保证系统安全,电子邮箱密码必须符合电子邮件系统设置的强度规则并定期更换。

第二十条 电子邮箱账号和密码。电子邮箱用户应妥善保管所使用的电子邮箱账号和密码,并对使用其电子邮箱开展的所有活动负责。遗忘密码时,可通过电子邮件系统提供的密码找回功能进行找回,或持本人有效证件至信息中心进行人工重置。如发现他人未经许可使用其电子邮箱时,应立即通知信息中心处理。

第二十一条 电子邮箱使用行为规范。电子邮箱用户必须遵守《中华人民共和国网络安全法》《中华人民共和国保守国家秘密法》《中华人民共和国计算机信息系统安全保护条例》《计算机软件保护条例》等计算机及互联网相关的法律法规。遵守使用电子邮件服务的网络协议、规定、程序和惯例,不得利用电子邮箱发送连锁邮件、垃圾邮件或商业邮件,不得利用电子邮件散布电脑病毒、木马软件、间谍软件等恶意软件干扰网络服务。

禁止利用电子邮箱从事以下活动:

(1) 反对宪法所确定的基本原则的;

(2) 危害国家安全,泄露国家秘密,颠覆国家政权,破坏国家统一的;

(3) 损害国家荣誉和利益的;

(4) 煽动民族仇恨、民族歧视,破坏民族团结的;

(5) 破坏国家宗教政策,宣扬邪教和封建迷信的;

(6) 散布谣言,扰乱社会秩序,破坏社会稳定的;
(7) 散布淫秽、色情、赌博、暴力、凶杀、恐怖或者教唆犯罪的;
(8) 侮辱或者诽谤他人,侵害他人合法权益的;
(9) 含有法律、行政法规禁止的其他内容的;
(10) 损害学校利益的。

第二十二条　电子邮箱使用违规行为处置。信息中心负责采取必要的技术措施,预防和阻止违规使用电子邮箱的行为。

第二十三条　电子邮件系统管理员账号安全。电子邮件系统中的系统管理账号和密码由电子邮件系统管理员掌握。超级管理员密码采用"分段设置、分人保管"原则设置与管理,密码至少分为三段,每段长度不低于五个字符,各段密码由信息中心指定不同专人设置和保管。

电子邮件系统管理员和超级管理员分段密码保管人应妥善保管所掌握的账号和密码,并对使用其账号密码进行的所有操作负责。

第二十四条　电子邮件隐私安全。除法律、法规规定的情形外,任何人不得以任何方式私自查阅、截获、监控他人邮件,也不得向第三方提供电子邮箱用户的注册信息。

公安机关、检察机关或有关部门依照法律规定的程序需对电子邮箱通信内容进行检查时,应由信息化管理部门报请分管保卫和信息化工作的校领导签字批准后,信息中心配合执行。

第七章　责任追究

第二十五条　违规处置与责任追究。对于违反本办法有关规定的单位或个人,暂停其电子邮箱使用权并责令改正;拒不改正的,终止其电子邮箱使用权并对相关单位或个人进行约谈或通报批评;造成学校损失的,追究直接责任人的行政或经济责任;造成严重后果并触犯法律的,依法追究其法律责任。

第二十六条　个人电子邮箱过渡期责任。电子邮箱用户在过渡期利用其名下电子邮箱从事损害学校利益或对学校造成不良影响的活动,其一切后果由本人自行承担。

第二十七条　公用邮箱违规使用责任追究。对校内单位违规向校外人员分配公用邮箱使用权,学校将依规追究有关责任人的行政或经济责任;造成严重后果并触犯法律的,依法追究其法律责任。

第八章　附则

第二十八条　本办法自发布之日起实施,由信息化管理部门负责解释。

7.6 信息系统建设与运行维护管理办法

解析 信息系统是学校信息化建设的主要内容之一,是体现学校信息化建设水平的重要标志。但各高校普遍面临着信息系统建设质量不佳、水平不高、安全隐患多等问题,很多信息系统上线运行后为师生所诟病,影响学校信息化整体水平及师生对信息化的信心。因此,学校必须加强信息系统的建设与运行维护管理,通过出台《信息系统建设与运行维护管理办法》,加强信息系统的建设过程管理,确保信息系统建设质量。

本文件的"总则"一章明确了办法的适用范围,即理想情况下,办法适用于校内所有信息系统,以更加全面地解决学校各类信息系统存在的问题,规定了信息系统建设原则为"安全稳定,责任明晰;开放共享,互联互通;简洁易用、注重体验",文件其他部分的内容均围绕该原则制定。"职责与分工"一章明确了信息系统建设运维过程中涉及的部门和责任分工,主要为信息化管理部门负责办法的制定和执行;信息中心负责基础平台建设和服务支持;建设单位是指建设信息系统的各部门各单位,是信息系统建设的主体责任单位,负责按照学校规定建设信息系统;开发单位是指开发信息系统的公司企业或其他组织,负责按照学校要求和建设单位需求完成信息系统的建设;对接单位是指需要为其他建设单位建设的信息系统提供接口、集成等服务的单位,负责做好配合工作。本办法参照软件工程方法把信息系统建设分为需求分析、系统设计、系统开发、系统测试、安全检测、初步验收、上线试运行和运行维护等八个阶段,明确了每个阶段应完成的任务、操作规程等,让各单位在信息系统建设运维过程中有据可依。"安全管理"一章明确了等保、安全事件等信息系统相关的安全管理措施。"监督评价与责任追究"一章明确了不按此办法建设信息系统的单位如何处理,考核结果将作为单位后续信息化经费审批的主要依据,信息化经费是落实本办法的重要抓手。

第一章 总则

第一条 为规范学校信息系统建设与运行维护工作,加强信息系统安全管理,提高信息系统建设与运行维护水平,根据学校相关文件精神及《信息技术 软件生存周期过程》(GB/T 8566-2007)、《计算机软件文档编制规范》(GB/T 8567-2006)等国家标准,结合学校信息化工作实际,特制定本办法。

第二条　适用范围。列入学校信息化建设项目或在学校信息化基础平台上运行的信息系统均适用于本办法。其他信息系统建设管理可参照本办法执行。信息系统是指为满足学校教学、科研、管理和服务需要而建设的信息收集、传递、存储、加工、维护和使用的人机交互系统。学校信息系统主要包括业务信息系统(应用系统)和公共服务信息系统。

第三条　建设原则。信息系统建设应遵循"安全稳定,责任明晰;开放共享,互联互通;简洁易用、注重体验"的原则。各单位在建设信息系统时必须将其信息安全放在首要位置,信息安全与信息系统同步规划、同步建设、同步投入运行;信息系统建设和运行维护按照"谁主管谁负责、谁运维谁负责、谁使用谁负责"的原则做到流程规范、责任明晰;业务信息系统建设及集成由业务部门主导,公共服务信息系统建设主要由信息中心负责。信息系统在建设时应充分考虑数据共享、减少信息的重复收集,应与公共服务信息系统和其他业务系统之间互联互通,避免建成"信息孤岛"。信息系统在设计和开发时应充分考虑当前技术发展潮流,界面应简洁、易用、高效,用户体验良好。

第四条　阶段划分。信息系统的建设与运行维护分为需求分析、系统设计、系统开发、系统测试、安全检测、初步验收、上线试运行及运行维护八个阶段。

第二章　职责与分工

第五条　单位与职责。信息系统建设与运行维护过程中,涉及的单位主要包括信息化管理部门、信息中心、建设单位、开发单位和对接单位。建设单位是指负责建设信息系统的学校机关部门或二级单位;开发单位是指通过合法采购流程确定的具体承担信息系统开发工作的软件公司等;对接单位是指信息系统需要对接集成的系统所属单位。各单位职责如下。

1. 信息化管理部门

(1) 制定信息系统建设相关管理制度;

(2) 协调解决信息系统建设与运行维护过程中出现的重大问题;

(3) 审核信息系统建设与运行维护的各阶段工作;

(4) 监督各单位在信息系统建设与运行维护过程中严格遵守各项规章制度并认真履行各自职责;

(5) 组织实施上线运行的信息系统安全等级保护备案与测评。

2. 信息中心

(1) 根据建设单位需求,为信息系统提供测试环境和生产环境,负责对测试环境操作进行安全审计及生产环境的运行维护;

（2）负责信息化基础平台生产环境的物理安全、系统安全及网络安全等；

（3）对信息系统建设和运行维护的各阶段工作进行技术审核；

（4）对信息系统进行安全检测，参与建设单位组织的信息系统初步验收；

（5）配合建设单位完成系统上线试运行工作；

（6）配合建设单位、开发单位及对接单位进行故障处理；

（7）配合信息化管理部门、开发单位完成信息系统安全等级保护测评及备案工作。

3．建设单位

（1）牵头成立项目组，项目组组长一般由建设单位主要负责人承担，成员主要包括建设单位相关科室负责人、开发单位项目经理、技术人员等；

（2）监督开发单位严格遵守合同及各项规章制度并认真履行职责；

（3）初步审核确认开发单位在信息系统建设各阶段形成的文档，协调对接单位、配合开发单位完成需求调研、系统设计及系统开发工作，负责系统测试、初步验收组织及上线试运行工作；

（4）负责应用软件、测试环境和自行提供的生产环境的运行维护；

（5）负责信息系统的故障申告受理、咨询和建议，协同开发单位、信息中心及对接单位进行故障处理；

（6）负责信息系统的应用安全及数据安全，自行提供信息系统生产环境的单位，负责其生产环境的物理安全、系统安全及网络安全等；配合信息系统安全检测及安全等级保护测评及备案工作，负责根据安全整改意见督促开发单位进行整改。

4．开发单位

（1）负责信息系统的需求调研、系统设计及开发工作；

（2）配合建设单位完成系统测试、安全整改、上线试运行及运行维护工作；

（3）配合建设单位对测试环境进行管理与维护。

5．对接单位

（1）配合建设单位和开发单位完成系统对接集成方案编制及系统开发工作；

（2）配合建设单位完成系统对接测试工作；

（3）配合建设单位、信息中心及开发单位进行系统对接部分的故障处理。

第三章 需求分析

第六条 需求调研。需求调研在信息系统建设合同签订后进行。开发单位根据合同规定的建设内容制定需求调研计划,经项目组确认后开展调研工作,建设单位负责协调安排本单位及对接单位相关人员相互配合。需求调研周期一般不超过1个月。

  第七条 需求分析说明书编制。开发单位在需求调研结束后进行需求分析并向项目组提交需求分析说明书。需求分析说明书一般应包括:需求总体描述、业务需求、系统接口及对接需求和系统管理需求等部分。项目组对需求分析说明书进行初审并由组长签字确认。

  第八条 需求分析说明书审核。建设单位填写"信息系统需求分析说明审核表"与需求分析说明书一并提交到信息化管理部门,审核通过后方可启动系统设计。

第四章 系统设计

  第九条 系统设计说明书编制。开发单位根据通过审核的需求分析说明书进行系统设计,提交系统设计说明书,系统设计说明书应包括系统架构、数据结构、功能模块、集成接口等内容。项目组对系统设计说明书进行初审并由组长签字确认。系统设计周期一般不超过1个月。

  第十条 数据交换与共享方案编制。

  对于学校基础数据库已有数据,信息系统原则上必须通过统一数据交换与共享平台从学校基础数据库获得,不得直接通过系统采集;信息系统所产生的基础数据也应通过统一数据交换与共享平台推送至学校基础数据库。

  开发单位应遵循《基础数据库建设与使用管理办法》的相关规定进行数据交换与共享方案设计。项目组对数据交换与共享方案进行初审并由组长签字确认。

  第十一条 系统对接与集成方案编制。

  面向师生服务的信息系统,原则上必须与学校统一身份认证系统进行认证集成;与信息门户进行数据集成、信息集成和单点登录集成;有移动应用需求的还应遵循移动版信息门户的相关规范建设本业务相关的移动应用页面,并与"微校园"完成对接与集成;信息系统所涉及面向师生服务的业务流程须将该部分流程放置在网上办事大厅信息平台,并与该平台集成。

  开发单位在系统设计时应遵循学校相关管理规定针对每个对接系统编制对接与集成方案,项目组会同对接单位对方案进行初审并由项目组组长及对接单位系统负责人签字确认。

  第十二条 系统设计说明书及相关方案审核。建设单位填写"信息系统设计审核表"并将相关说明书及方案一并提交到信息化管理部门,审核通过后方可启动系统开发。

第五章 系统开发

第十三条 开发计划。开发单位必须在系统开发前制定详细、合理的项目开发计划,项目组负责审核并由组长签字确认。

第十四条 组织实施。开发单位根据经审核通过的系统设计说明书及系统对接与集成方案,按照开发计划规定的进度进行信息系统开发。项目组按照开发计划中的时间节点要求,对开发单位的工作进行检查督促,并协调对接单位配合开发单位的对接集成开发。

第十五条 开发规范。开发单位在系统开发过程中应结合国家、行业及学校相关规范和标准等制定系统开发规范并严格遵守。开发规范至少应包括命名规范、数据库规范、代码及注释格式规范等。

第十六条 需求变更。在系统开发过程中,建设单位和开发单位均可根据实际情况及合同约定提出需求变更,变更内容经项目组讨论确定后拟定需求变更说明书,开发单位根据该说明书对相关设计说明书、系统对接集成方案及开发计划进行修订,修订后的内容由项目组审核并经组长签字确认生效。

第十七条 延期处理。由于客观条件发生变化等原因造成项目未能按实施计划的时间节点完成的,开发单位必须向建设单位提交项目延期说明书,经项目组审核后由组长签字确认。未经确认的项目延期,开发单位承担合同违约责任。

第十八条 开发环境。系统的开发环境由开发单位或建设单位提供,不得使用学校信息化基础平台资源。

第六章 系统测试

第十九条 测试文档。开发完毕需进行测试的信息系统,由开发单位提交测试文档,至少应包括:功能测试用例、测试报告(含单元测试、集成测试、性能测试等)、系统安装部署文档及系统安装文件。项目组对测试文档进行审核并由组长签字确认后方可进行系统测试。

第二十条 测试环境。需在学校信息化基础平台上运行的信息系统由建设单位向信息中心申请测试服务器,其他信息系统由建设单位自行提供测试服务器。测试环境的操作系统及数据库等基础系统版本应与生产环境保持一致。测试环境的管理与维护由建设单位指定专人负责,信息中心对测试环境的所有操作进行安全审计。

第二十一条 测试数据。建设单位负责为开发单位提供与信息系统数据格式一致的测试数据;信息系统使用学校基础数据的,由信息中心提供测试数据。测试数据一律不得直接使用真实数据。

第二十二条 测试步骤。开发单位在测试服务器上,根据系统安装部署文档部署测试环境;建设单位依据需求、设计文档、采购时的技术参数要求并结合功能测试用例等完成系统功能测试并形成功能测试报告;建设单位在开发单位的配合下完成性能测试并形成性能测试报告;建设单位在对接单位的配合下完成对系统对接测试并形成对接测试报告。

第二十三条 测试整改。对于测试中发现的问题,开发单位应积极进行整改,直至测试通过。

第二十四条 更新测试。系统测试完毕后,开发单位如需对系统进行更新,必须先向项目组提交系统更新包及相应的更新安装说明和更新测试材料。项目组审核后,方可安装到测试环境进行测试。

第七章 安全检测

第二十五条 检测申请。系统测试完毕后,建设单位必须向信息化管理部门提交"信息系统安全检测申请表",同时提供项目全部文档及源代码并开放测试环境。开发单位对所提供的源代码的真实性负责,建设单位对源代码与系统功能的一致性负责。

第二十六条 技术检测。信息中心负责依照项目立项时确定的安全保护等级及相关规定进行技术检测。检测手段主要包括对信息系统源代码进行代码审计,对信息系统进行漏洞扫描等。

第二十七条 安全检测报告及整改意见。信息中心根据技术检测结果出具安全检测报告及整改意见。如因特殊原因无法提供源代码的,应由开发单位委托具有中国计量认证(CAM)和中国合格评定国家认可委员会(CNAS)实验室认可证书等资质的第三方软件代码测评机构出具代码审计合格报告。

第二十八条 安全整改。开发单位根据整改意见对系统进行整改并由建设单位向信息化管理部门提交复检申请,直至安全检测通过为止。

第八章 初步验收

第二十九条 初步验收条件。信息系统具备合同及需求说明中的所有功能且通过安全检测并由开发单位对建设单位系统维护人员完成系统维护培训后,方可进行初步验收。

第三十条 初步验收组织。建设单位负责组织由项目组及信息中心专家组成的初步验收小组对信息系统进行初步验收。

第三十一条 初步验收形式及内容。初步验收小组应听取开发单位工作报告及系统演示并对各阶段文档进行审阅,依照合同及需求分析说明书的内容,对信息系统完成情况及质量进行评价并提出意见和建议。

第三十二条 初步验收报告。初步验收通过后,应形成信息系统初步验收报告,并由项目组长签字确认。

第九章 上线试运行

第三十三条 上线试运行申请。建设单位向信息化管理部门提交"信息系统上线试运行申请表"及初步验收报告,经审核批准后方可上线试运行。

第三十四条 生产环境。建设单位可向信息中心申请学校信息化基础平台资源用于信息系统的运行。建设单位自行提供生产环境的,须严格按照项目论证时确定的安全保护等级要求进行配置,并对信息系统安全负完全责任。

第三十五条 运行文档。在学校信息化基础平台上运行的信息系统,建设和开发单位必须在申请生产环境的同时向信息中心提交系统安装部署说明、系统维护手册、系统使用手册、系统测试报告及安全检测报告等文档及系统最终版本的安装文件。

第三十六条 安装部署。信息中心根据建设单位需求及学校信息化基础平台相关规定进行生产环境配置及信息系统的安装部署。

第三十七条 权限配置。建设单位应指定专人负责应用软件中的各类用户账号管理及权限配置。上线试运行前,所有测试账号或由开发单位使用的账号由建设单位删除或收回。

第三十八条 试运行期。系统试运行期一般不少于1个月且不多于3个月。试运行期满且情况良好的,可进行竣工验收。竣工验收的内容及形式参照《信息化项目管理办法》第九条之规定执行。竣工验收通过,信息系统方可上线正式运行。

第十章 运行维护

第三十九条 运行维护工作原则。各单位对信息系统的维护与管理应定岗、定人、定责,制定工作制度,建立工作机制,确保运行维护工作的持续性和有效性。

第四十条 运行维护工作内容。生产环境的运行维护工作主要包括:服务器、操作系统、中间件、数据库、文件系统及网络等的配置、管理与维护。应用系统的运行维护工作主要包括:用户、权限、数据及内容等的配置、管理与维护。

第四十一条 系统更新分类。信息系统上线试运行或正式运行后的系统更新按照目的分为修复性更新和功能性更新。修复性更新的主要目的是对运行过程中发现的系统问题进行修复、提升稳定性和提高性能;功能性更新的主要目的是根据业务需求变化等对原有功能进行增加或更改。

  第四十二条 系统更新开发测试流程。

  对信息系统进行修复性更新时,由建设单位和开发单位依照第二十条之规定在测试环境完成更新测试,测试通过后填写并向信息中心提交"信息系统更新申请表"。

  对信息系统进行功能性更新时,应先参照第十六条之规定进行需求变更,经信息化管理部门审核后由开发单位进行更新开发,再由建设单位和开发单位依照第二十条之规定在测试环境完成更新测试,测试通过后填写并向信息中心提交"信息系统更新申请表"。

  第四十三条 系统更新安全检测与部署。信息中心依照第二十五条之规定对更新后的系统进行安全检测,检测通过后方可进行更新。使用学校信息化基础平台作为生产环境的信息系统由信息中心进行更新部署,其他信息系统由建设单位进行更新部署。

  第四十四条 数据备份。使用学校信息化基础平台作为生产环境的信息系统由网络计算中心负责进行数据备份,备份范围包括信息系统使用的数据库数据及文件服务器数据;备份周期一般为 24 小时,数据库数据备份的保留周期一般为 7 天,文件服务器数据备份的保留周期一般为 3 天,建设单位有特殊要求的,应在信息系统上线试运行时明确提出。信息系统安装和配置文件数据由建设单位自行备份。由建设单位提供生产环境的信息系统,所有数据备份由建设单位负责。

  第四十五条 运行监控及故障申告。建设单位应对信息系统运行情况进行实时监控并在信息系统首页明显位置显示建设单位的服务电话,受理和响应信息系统的故障申告及咨询、建议。信息中心对学校信息化基础平台运行状况进行实时监控,受理和响应建设单位对生产环境的故障申告及咨询、建议。

  第四十六条 故障处理。建设单位根据业务要求制定信息系统故障处理应急预案;信息中心制定学校信息化基础平台故障处理应急预案。各方应按照"分级负责、协同处理、快速反应、有力保障"的原则进行故障处理。发现故障或收到故障申告后,受理单位应首先对故障类型及原因进行初步判断并及时通报相关各单位,各方对自己所负责维护的部分进行认真排查并及时沟通、协同处理;故障修复后,应形成故障分析及处理日志。

  第四十七条 用户服务。建设单位应通过服务电话、电子信箱等多种渠道主动收集和解答用户对信息系统的咨询、意见和建议,并根据用户意见及时对系统进行调整与更新。

第十一章 安全管理

第四十八条 安全监测。建设单位应指派专人对上线运行信息系统的安全状况进行监控。信息中心定期对上线运行的信息系统进行技术检测,对运行在学校信息化基础平台的信息系统检测周期一般为1周,其他信息系统检测周期一般为1个月。

第四十九条 安全事件整改与事件处理。信息中心会同建设单位及开发单位依照《信息技术安全事件报告与处置流程》对发现的安全事件进行整改和处理。

第五十条 安全等级保护。信息系统上线运行的3个月内,由网络与信息化办组织完成信息系统的信息安全等级保护测评与备案工作。

第十二章 监督评价与责任追究

第五十一条 监督评价。信息化管理部门负责对学校各类信息系统的建设、运行维护和服务进行监督,每年组织一次考核评价,将考核评价结果纳入单位的年度绩效考核,并作为各单位后续信息化建设经费审批的主要依据。

第五十二条 责任追究。因违反本办法之规定造成信息系统建设无法通过验收或在运行过程中造成事故的,追究相关责任人的直接责任,追究单位负责人的领导责任。

第十三章 附则

第五十三条 本办法自发布之日起施行,由信息化管理部门负责解释。本办法发布之日前已上线运行的信息系统,应在本办法发布之日起的3个月内补齐各阶段文档,未上线运行的所有信息系统一律按照本办法对照整改执行后方可验收。

7.7 基础数据库建设与使用管理办法

解析 数据是学校信息化的核心和基础,数据质量很大程度上决定着信息系统的质量。数据质量主要包括数据的准确性、一致性和完备性等。学校各个信息系统之间的数据关系错综复杂,存在大量的数据共享需求,要保证数据质量,实现数据的有效共享,必须明确各类数据的权威来源,建立基础数据库,故制定《基础数据库建设与使用管理办法》来明确和规范基础数据库的建设与使用。"总则"一章明确了文件制定的依据以及基础数据库、基础数据、数据标准等的定义。"基础数据管理"一章明确了基础数据管理的原则。基础数据是基础数据库的主要内容,基础数据根据业务归属确定其权威来源和其产生、维护部门,这是数据共享最为关键的部分,也是最难的部分。必须和各业务部门达成一致意见、形成共识;否则,如果只是写在文件里,执行起来也很困难。在本章中还明确了数据产生、共享、保护的技术手段,安全责任与事件处置流程等,明确了申请使用数据的原则是"最小够用"原则,即申请使用的数据不是越多越好,申请使用的数据越多安全责任越大。"基础数据库建设与管理"一章明确了管理协调部门和技术支撑部门的职责,以及技术安全保障措施等。

第一章 总则

第一条 为提高信息化建设水平,推进信息共享,建设管理好学校基础数据库,根据《信息化管理工作条例》《信息化技术架构建设条例》和《网络与信息技术安全管理办法》等文件,结合学校信息化工作实际,制定本办法。

第二条 基础数据库。基础数据库是学校基础数据的集合,通过统一数据交换与共享平台,实现数据共享和一致性管理,是学校重要的信息化基础资源。

第三条 基础数据。基础数据是指学校各单位在管理和服务信息化过程中产生的,具有确定的权威来源,且可被其他业务信息系统或公共信息系统使用的数据。基础数据主要包括组织机构、人事、学生、财务、资产、教学、科研、网络、总务、后勤等管理和服务数据。基础数据范围根据基础数据库建设进度和信息化工作需要逐步扩展,具体由信息化管理部门确定。

第四条 数据标准。基础数据库按学校数据标准建立、更新和维护。数据标准根据国家和教育行业信息化标准,结合学校实际制定,对基础数据的名称、类型、长度等属性进行定义。

第二章 基础数据管理

第五条 管理原则。信息化管理部门根据业务归属情况,负责确定基础数据的权威来源,明确其产生和维护部门。

第六条 基础数据内容及责任部门。基础数据的具体内容及产生和维护部门如下。

学校基本信息数据:学校中英文名称、通信地址、简介等,由党办、校办负责产生和维护。

组织机构数据:学校各级单位和组织机构名称、编码等,由机构编制管理部门负责产生和维护。

学生基本数据:学号、姓名、所在班级、年级、专业、身份证件名称及号码等,由研究生管理部门、教务部门、国际教育部门、成人教育部门和注册中心等负责产生和维护。

本科生管理类数据:本科生奖助贷勤、评优评先、招生、就业等,由学生工作部门负责产生和维护。

学生课外活动类数据:课外活动及其相关学分认证等,由教务部门、校团委等相关部门负责产生和维护。

学生体质健康类数据:学生体质健康测试、师生体育锻炼、体育竞赛活动、体育场馆使用等,由体育部负责产生和维护。

本科生教务类数据:本科生培养计划、学籍、课程与课堂、教师任课、教室、学生成绩、学分、出国出境经历、上课签到、毕业学位等,由教务部门负责产生和维护。

研究生教育类数据:研究生招生、就业、培养、奖助贷勤、毕业、学位等,由研究生管理部门负责产生和维护。

国际学生的涉外行政管理数据:国际学生的奖励、处分等,由国际教育部门负责产生和维护。

人事基本数据:教职工人员编号、姓名、所在单位、出生日期、身份证件名称及号码、职务(级)、学历学位、工作经历、教育经历、岗位、工资津贴等,由人事部门负责产生和维护。

财务类数据:财务基本数据、科研项目经费使用、教职工收入、公积金、房补、学生学费等,由财务部门负责产生和维护。

设备类数据:设备基本情况、设备使用人等,由实验室与设备管理部门负责产生和维护。

房产类数据：房屋基本情况、家具、用具、装具及使用人等，由房产管理部门负责产生和维护。

科研类数据：科研项目、奖励、成果、专利、论文、科研机构等，由科学技术发展部门、人文社会科学部门、科学技术协会和科技成果转化部门负责产生和维护。

图书类数据：图书资源及馆藏信息、借书记录、未还信息、罚款缴纳等，由图书馆负责产生和维护。

医疗类数据：医疗信息，由校医院负责产生和维护。

网络数据：上网账号、电子邮箱账号、校园卡消费记录、联系方式等，由信息中心负责产生和维护。

人员岗位与角色数据：各单位主要负责人、分管教学副院长、分管科研副院长、分管实验室与设备负责人、分管财务负责人、分管研究生工作负责人、分管学生工作副书记、二级单位部门主任、辅导员等各类人员的岗位和角色信息，由信息中心提供平台进行统一管理，各相关职能部门和单位负责维护。

其他数据：根据各部门业务分工，在信息化过程中产生的数据，由相应部门产生和维护。

基础数据的范围、内容以及产生和维护部门可根据部门业务调整与变化进行调整。

第七条 共享方式。信息中心制定并实施基础数据同步方案，为各业务信息系统提供基础数据的推送和同步服务，并为基础数据的产生和使用单位提供技术支持，确保基础数据的共享与及时更新。基础数据的共享，不得通过人工拷贝移动介质方式实现。

第八条 数据产生。作为权威源产生基础数据的业务信息系统在向基础数据库推送基础数据时，必须提供基础数据的相关信息和访问接口，采用自动同步技术将基础数据推送至基础数据库，并确保推送数据的标准性、权威性以及更新的及时性。

第九条 数据使用。基础数据使用单位根据业务系统需求，在严格遵循"最少够用"原则下，提出数据共享申请并提供接收数据的中间库。在经数据源产生单位审批同意后，由信息中心运用数据同步工具，将共享数据推送至中间库，并由使用单位完成中间库到业务库的同步。基础数据库的同步操作仅限于校内进行，中间库必须与业务库之间逻辑隔离，不得使用校外服务器作为中间库。

基础数据使用单位只能将获取的共享数据用于经数据源产生单位审批指定的业务信息系统，不得私自扩大使用范围或作为他用。

第十条 数据保护。基础数据的产生单位、使用单位和管理单位应严格遵守国家、地方及学校关于信息安全和个人信息保护的相关法律规定和规章制度，制定本单位基础数据管理细则与使用规范，保障学校基础数据的使用安全，确保信息不滥用、不泄露。

第十一条　安全责任与事件处置。各单位应明确基础数据信息安全责任人及数据管理员，发生人为或技术原因导致数据泄露、窃取、破坏等信息安全事件的，由该单位及相关人员负责，并应按照信息技术安全事件报告与处置流程向学校报告，做好事发紧急报告与处置、事中情况报告与处置和事后整改报告与处置工作。

第三章　基础数据库建设与管理

第十二条　管理协调部门。信息化管理部门负责协调学校基础数据库及相关信息标准的建设与管理工作。

第十三条　技术支撑部门。信息中心负责基础数据库的建设、运行和维护，依据《网络与信息技术安全管理办法》制定相关的管理办法和数据使用流程，明确基础数据库系统管理、安全管理、存储管理、日志管理、运维管理等操作规则，采取切实有效的技术手段防范信息破坏、泄露、窃取等事件的发生，确保基础数据库的安全。

第十四条　技术安全保障。为保障基础数据库系统正常、安全运行，信息中心须为基础数据库系统配备系统管理员、安全员和审计员，且三者由不同人员担任。

基础数据库系统管理员负责基础数据库的软硬件维护，确保基础数据库的正常运行，制定和实施基础数据自动同步策略。

安全员负责制定和实施基础数据库运行安全策略，按"最小特权"原则为数据库用户分配必要的系统权限。

审计员负责制定和实施基础数据库的审计策略，管理审计日志，负责审计日志的查询、备份、恢复与归档。

第四章　责任追究

第十五条　责任追究。对不按本办法规范数据共享的，或私自扩大共享数据的使用范围或作他用的，或对发生的安全事件瞒报、缓报、不报或处置整改不力的，学校将追究相关单位及其相关人员的责任。情节严重而触犯法律的，将追究相关人员法律责任。

第五章　附则

第十六条　本办法自发布之日起实施，由信息化管理部门负责解释。

7.8 统一信息门户系统建设管理办法

解析 统一信息门户是数字校园传统三大平台之一,在数字校园时代具有举足轻重的地位。虽然在移动互联网时代,其地位有所减弱,但仍十分重要,需要出台《统一信息门户系统建设管理办法》对其进行保障。统一信息门户的建设目标主要是将校内分散的信息系统进行集成,在信息门户中进行信息的集中展示,文件规定信息门户建设的原则是:"安全性、可靠性、先进性、实用性、可扩展性和可维护性"。"职责与分工"一章明确了信息化管理部门、信息中心、校长办公室和其他二级单位的分工与职责。由于信息门户的主要功能是发布通知、公告、公文等信息,该部分信息主要由校办负责,其他二级单位也有责任将本单位的信息系统与信息门户对接。"信息门户的主要栏目和内容"一章主要规定网页版(PC版)和移动版信息门户的栏目和内容,栏目和内容应可根据信息化发展动态更新,以不断适应新的形势发展。信息门户建设的难点在于与各业务信息系统之间的对接和集成,"业务信息系统与信息门户的对接与集成"一章明确了集成的要求和规范。

第一章 总则

第一条 为提高信息化建设水平,满足师生信息化需求,建设管理好学校统一信息门户系统,根据《信息化管理工作条例》《信息化技术架构建设条例》和《网络与信息技术安全管理办法》等文件,结合学校信息化工作实际,制定本办法。

第二条 统一信息门户系统。统一信息门户系统(以下简称信息门户)是学校各类重要信息集中展现的服务平台,为师生提供"一站式"个性化信息服务,是实现学校信息化规划"信息一个站"的主要技术手段。信息门户分为网页版和移动版,网页版的域名为 one.xxx.edu.cn;移动版的名称为"微校园",在微信平台上以企业号方式运行。

第二章 职责与分工

第三条 职责与分工。信息门户的建设与运行涉及信息资源的整合和利用,需要全校各单位的积极配合。各单位在建设业务信息系统时,应按照规范和要求，配合信息门户建设。各单位主要职责和分工如下。

1. 信息化管理部门

(1) 负责信息门户的规划；

(2) 负责信息门户建设中的组织和协调。

2. 信息中心

(1) 负责信息门户的设计、建设和管理；

(2) 负责信息门户的信息安全；

(3) 负责邮件系统、校园卡系统、上网认证系统、短信平台、统一身份认证系统、数据交换平台等与信息门户的对接与集成；

(4) 负责信息门户与相关业务信息系统的集成及数据展现。

3. 校长办公室

(1) 负责信息门户中校级通知、会议通知、学校公文等信息的发布与管理；

(2) 负责办公自动化系统、督办管理信息系统与信息门户的对接与集成。

4. 其他单位

其他校内二级单位负责本单位所负责的信息系统与信息门户的对接与集成。

第三章 建设目标与原则

第四条 建设目标。信息门户的建设目标是建成一个支持信息访问、传递和协作的集成化环境，将校内分散、异构的应用和信息资源进行聚合，通过统一访问入口，实现各种应用系统的无缝接入和集成，为全校师生员工提供便捷高效、稳定可靠的信息访问服务。

第五条 建设原则。信息门户的建设原则是：安全性、可靠性、先进性、实用性、可扩展性和可维护性。安全性是指系统在服务器及其存储等硬件、操作系统、数据管理、程序等方面安全；可靠性是指系统健壮，稳定可靠；先进性是指系统使用具有一定前瞻性的先进信息技术；实用性是指信息门户内容实用，栏目设置合理，功能丰富，设计符合师生使用习惯；可扩展性是指栏目及功能设计灵活，可根据需要进行扩展；可维护性是指信息更新及时，维护方便，可实现自动化和智能化。

第四章 信息门户的主要栏目和内容

第六条 网页版栏目和内容。网页版信息门户的主要栏目和内容如下。

(1) 门户首页：主要包括学校通知公告、会议等重要公共信息，个人相关信息,学校各重要信息系统的单点登录入口,常用网站链接,社交网络信息,其他常用公共信息等。

(2) 通知公告:提供校内各类通知公告信息,主要包括全校通知、部门通知、院系通知、会议通知、学校公文、活动信息等。

(3) 个人信息:师生个人的未读邮件数、借书未还数、网费余额、电费余额、校园卡余额等常用动态统计信息。

(4) 办事大厅:各类线上业务办理服务,办事流程及相关规章制度浏览,线下办事表格下载等。

(5) 消息中心:师生查看信息门户或其他业务信息系统发送的各类消息,设置消息的订阅和退订等。

(6) 数据中心:师生个人的人事基本信息、教学教务、科研、财务、网络、生活、校园卡等具体数据。建立在学校基础数据库、非结构化数据、信息门户系统等基础上的综合数据查询、分析、数据挖掘、动态监控、决策辅助等。

(7) 管理应用:办公自动化系统、人事管理信息系统、数字化财务办公平台、学生工作管理信息系统、本科生教务管理信息系统、研究生综合管理信息系统、实验室与设备管理系统等重要信息系统的单点登录入口或链接。

(8) 校园社群:校园活动、社团、兴趣小组等。

(9) 公共服务:为师生提供日常公共服务,主要包括校园地图、校园日历、天气、搜索等。

(10) 其他:用户个人的密码、资料、设置,常用网站链接等。

第七条 移动版栏目和内容。移动版信息门户的主要栏目和内容包括通知公告、学校公文、校园资讯、应用中心、消息中心、办事大厅、OA系统等。网页版和移动版信息门户的栏目和内容可根据师生需求、管理需要和信息化发展不断丰富或变更。

第五章 业务信息系统与信息门户的对接与集成

第八条 网页版信息门户集成。校内各业务信息系统应与信息门户进行对接与集成,主要包括三个部分。

1. 数据集成

按照学校《基础数据库建设与使用管理办法》和有关技术标准与规范,业务信息系统数据库与学校基础数据库之间进行数据交换与共享。信息门户通过访问基础数据库中的数据展示业务信息系统的有关数据;业务信息系统通过访问从基础数据库中获取并保存在本系统数据库中的数据,完成与信息门户或其他业务信息系统相关的数据展示或流程整合。

2. 信息集成

业务信息系统提供接口，信息门户通过调用接口获取业务信息系统中的相关数据或完成相应的业务流程；信息门户提供消息中心接口，各业务信息系统通过调用接口向用户发送手机短信、微信消息、信息门户站内信、电子邮件等。

3. 单点登录

业务信息系统使用学校统一身份认证系统，与信息门户实现单点登录。

第九条　移动版信息门户集成。移动版信息门户实行分布式开发和部署，信息门户提供统一的用户管理、用户入口、技术框架和UI规范，各业务信息系统根据要求建设本业务相关的移动应用页面，并与移动版信息门户完成对接与集成。各业务信息系统原则上不再建设独立的移动应用。

第六章　附则

第十条　本办法自发布之日起实施，由信息化管理部门负责解释。

7.9 统一身份认证系统建设管理办法

解析 统一身份认证系统是数字校园传统三大平台之一,在校园信息化中具有基础性地位。在移动互联网时代,身份认证的地位也越来越重要,需要制定《统一身份认证系统建设管理办法》保障系统建设和运行。该办法要明确对身份数据的定义、分类和来源(可靠的数据来源决定了统一身份认证系统的权威性),统一身份认证系统账号、密码的使用与设置,各信息系统接入统一身份认证系统的集成以及单点登录要求(权限分配原则)等。随着身份认证技术的发展,新的文件还应规定将人脸识别、虹膜识别等新的认证技术未来纳入统一身份认证系统中进行建设。

第一条 为高信息化建设水平,建设管理好学校统一身份认证系统,根据《信息化管理工作条例》《信息化技术架构建设条例》和《网络与信息技术安全管理办法》等文件,结合学校信息化工作实际,制定本办法。

第二条 统一身份认证系统。统一身份认证系统是基于学校基础数据库构建的全校用户电子身份管理和用户信息管理中心,实现用户统一管理和认证,以保障学校信息资源的有序应用和安全。统一身份认证系统是实现信息化发展规划中"上网一个号"的主要技术手段。统一身份认证系统的域名为 pass.xxx.edu.cn。

第三条 认证集成。统一身份认证系统可应用于校内所有面向师生服务的信息系统,为其认证集成提供标准的接口。校内各单位建设的面向师生服务的信息系统,原则上必须与统一身份认证系统进行认证集成。

第四条 单点登录。用户登录统一身份认证系统后即可根据权限使用相应的已与统一身份认证系统完成集成的信息系统,实现用户在常用信息系统之间的"单点登录"。用户访问各信息系统内部资源的权限由各信息系统负责分配。

第五条 电子身份。电子身份指用户在校内各信息系统中的电子账号信息,主要包括账号、密码、姓名、人员类别、所在单位等信息。学校各类人员的电子身份由学校统一身份认证系统负责创建和维护。

第六条 电子身份人员类别。电子身份人员类别主要包括在校教职工(含离退休人员)、学生学员、博士后、编制外用工人员、长短期访学交流人员及其他可能使用学校信息资源的人员等。

第七条　电子身份数据。电子身份的数据自动从学校基础数据库中获取,人员到校办理完报到或注册手续后,账号自动开通,人员离校时账号注销。

第八条　电子账号。电子账号为人员编号或临时人员编号,其中教职工账号为教职工号,学生学员账号为学号,其他人员账号为依照《信息管理系统使用人员编号编码管理办法》编制的编号。

第九条　密码。初始密码由统一身份认证系统通过安全方式生成和发放,用户可自行修改;密码应满足一定的强度要求,密码长度必须大于等于6位,且包含数字、字母、特殊符号中的两项;为保障用户账号密码安全,密码应主动定期更新。用户如果遗忘密码,可通过统一身份认证系统自助找回密码,或本人持有效证件到信息中心用户服务大厅重置密码。

第十条　特殊账号处理。校内各单位信息系统内特殊账号,如系统各级管理员、内部管理账号等可由原系统管理,不需通过统一身份认证系统认证管理。

第十一条　管理与技术部门。统一身份认证系统由信息化管理部门负责统筹规划;信息中心负责具体建设、运行维护管理并为认证集成提供技术支持。

第十二条　系统扩展。面部识别、虹膜识别、掌静脉认证等新的身份认证技术条件成熟后,应纳入统一身份认证系统进行统一建设。

第十三条　本办法自发布之日起实施,由信息化管理部门负责解释。

7.10 统一通讯平台建设管理办法

解析 随着校园各类信息系统以及师生需求的不断增长,建立统一通讯平台十分必要。统一通讯平台可为各信息系统和管理人员提供发送邮件、短信、微信等信息的服务,为避免重复建设,确保发送的内容安全,可制定《统一通讯平台建设管理办法》规范该平台的建设、推广和运行。统一通讯平台建设、管理和使用的原则是"统一规划建设、统一平台管理、分级授权使用"。信息化管理部门和信息中心对平台分别承担管理和建设任务,各二级单位可申请使用并对发送的内容负责。统一通讯平台所使用的教职工及学生的手机号码、电子邮件地址和微信号等通讯方式属于学校基础数据,应确定每一个数据的权威性和更新方式,以保障平台的正常使用。该办法还应规定平台的用户账号、授权、通讯录等管理措施。短信发送数量一般有限制,需进行配额管理。统一通讯平台同时面临技术安全和内容安全,需明确运维措施,堵塞系统漏洞,降低被黑客攻击的风险,确保技术安全。此外,要明确发送内容的规范要求、审核流程和责任,确保内容安全。

第一条 为提高信息化建设水平,建设管理好学校统一通讯平台,根据《信息化管理工作条例》等文件,结合学校信息化工作实际,制定本办法。

第二条 统一通讯平台。统一通讯平台是基于学校组织架构、人员联系方式(如手机号、电子邮件地址和微信号等)等基础数据建设的实现学校短信、电子邮件及微信等各类通讯方式及通讯数据集中管理的公共服务信息系统,是实现学校"十三五"信息化发展规划中"消息一通道"的主要技术手段。统一通讯平台为学校各单位提供向本单位人员或被授权范围内人员发送手机短信、电子邮件和微信消息的功能,同时为学校各类有通讯需求的信息系统提供统一的通信接口。

第三条 基本原则。统一通讯平台建设、管理和使用采取"统一规划建设、统一平台管理、分级授权使用"的原则。学校各类面向教职工和学生个人的信息原则上必须通过统一通讯平台发送。

第四条 部门与职责。统一通讯平台建设与管理相关部门及其职责如下。

1. 信息化管理部门

(1) 统筹统一通讯平台建设;

（2）协调各单位在统一通讯平台建设过程中的关系；
（3）负责审批统一通讯平台的用户授权或系统对接申请。

2. 信息中心

（1）负责统一通讯平台的建设；
（2）负责统一通讯平台的运行管理与维护；
（3）负责统一通讯平台的安全技术保障，制定和实施应急预案；
（4）负责统一通讯平台的使用培训和技术支持。

3. 各二级单位

（1）单位主要负责人作为第一责任人，对本单位通过统一通讯平台发送（包括人工发送和系统对接发送）的内容安全负责，确保本单位发送内容不涉密、合法合规、真实有效；
（2）根据学校相关规定，建立健全并落实本单位使用统一通讯平台的内容审核、信息发送、通讯管理员和审核员管理等制度；
（3）负责本单位信息系统与统一通讯平台的对接改造。

第五条 通讯数据的采集与管理。统一通讯平台集中管理学校教职工和学生的手机号码、电子邮件地址和微信号等各类通讯方式，与学校基础数据库实现教职工、学生等人员基础信息及其联系方式数据的同步。

为保证教职工和学生个人联系方式数据的安全性和一致性，学校归口采集个人联系方式数据，学校信息门户负责采集个人手机号码，电子邮件系统负责产生个人电子邮件地址，微校园负责采集个人微信号。其他信息系统原则上不得采集师生个人联系方式，需要上述数据时，可通过学校基础数据库共享获得。

第六条 使用方式。统一通讯平台的使用方式可分为人工发送和系统对接发送两种。人工发送是指被授权用户登录统一通讯平台后，通过统一通讯平台提供的相关功能进行信息发送；系统对接发送是指信息系统与统一通讯平台集成对接，通过接口进行信息发送。

第七条 用户分类及职责。统一通讯平台用户分为通讯管理员及审核员两类，必须为学校在编在岗人员。统一通讯平台采用学校统一身份认证登录，用户须获得相应授权方可使用相关功能。

使用统一通讯平台的单位应指定专人作为通讯管理员。通讯管理员分为两级：学校通讯管理员和二级单位通讯管理员。学校通讯管理员可面向全校特定人群发送信息，二级单位通讯管理员仅能面向本单位特定人群发送信息。原则上，各级通讯管理员仅能向校内人员发送信息，经审批后，可向校外人员发送信息。

使用统一通讯平台进行信息发送的单位应由单位主要负责人或分管负责人任审核员。通讯管理员发送的信息经审核员审核后方可正式发出。

第八条 授权管理。单位指定的通讯管理员和审核员可通过网上办事大厅信息平台申请授权,经所在单位和信息化管理部门审批通过后,由信息中心根据审批结果进行授权。

第九条 通讯录管理。通讯录分为公共通讯录和个人通讯录。公共通讯录由统一通讯平台根据学校基础数据库数据生成,个人通讯录由用户自行维护。统一通讯平台为通讯管理员提供授权范围内人员的公共通讯录,为保证用户隐私,人员手机号码、电子邮件地址和微信号等采用部分隐藏的方式显示。通讯管理员如果获得向校外人员发送消息的权限,可在个人通讯录中新建校外联系人。

第十条 通讯方式管理。统一通讯平台提供手机短信、电子邮件及微信等通讯方式,并可根据技术发展适时增加相关通讯方式。通讯管理员可根据获批授权,使用一种或多种上述通讯方式发送信息。

第十一条 短信发送管理。短信采用配额制管理,二级单位在授权申请时获得相应数量的配额,超出配额无法继续发送。需要增加配额的,由通讯员在系统中提交申请,经信息化管理部门审批后,由平台管理员操作增加配额。

根据国家工业和信息化部规定,在平台中发送短信需要使用短信模板。各单位应将常用短信内容制作成短信模板,提交到信息中心,由信息中心统一导入到平台中,并到短信通道商部门备案。

第十二条 账号管理。统一通讯平台与学校统一身份认证系统集成,不单独设置个人账号密码。用户应妥善保管本人的统一身份认证的账号和密码,并对利用本人统一身份认证账号进行的所有操作负责。

统一通讯平台的系统账号及相关权限由信息中心负责管理。

第十三条 技术安全。信息中心为统一通讯平台及其运行环境提供统一的技术安全支持与管理服务。

第十四条 内容安全。发送信息的内容安全管理遵循"谁发送、谁负责"和"谁审核、谁负责"的原则。通讯管理员和审核员应严格遵守国家及学校对信息发布的相关规定进行操作,并对所发送信息的内容安全负责,不得发送与工作无关或违反国家法律法规及学校规定的内容。

第十五条 事件处置。发生安全事件时,应立即启动应急预案,并按照《信息技术安全事件报告与处置流程》进行处置。

第十六条 系统建设与运维。信息中心负责统一通讯平台和的建设、运行维护及用户管理,保证系统稳定运行,负责短信、电子邮件和微信等通讯通道的可靠性保障。

第十七条 责任追究。统一通讯平台管理员或用户因疏于职守、账号密码泄露、账号借与他人、审核不严等原因而导致发生安全事件或不良后果的,追究相关责任人的直接责任;盗用他人账号的,追究盗用人员的法律责任。未按规定使用的,信息化管理部门将暂时或永久停止用户账号的全部或部分功能。

第十八条 本办法自发布之日起实施,由信息化管理部门负责解释。

7.11 网上办事大厅信息平台建设管理办法

解析 网上办事大厅信息平台(以下简称网厅)是当前高校信息化的建设热点之一。建设网厅的难点不在于技术,而在于网厅流程的建设,流程由谁来提需求?谁来建设?跨部门的流程谁来牵头?如何督促学校各部门将自己的办事服务流程搬到网厅上?如何提高流程质量?这些是困扰信息化部门的重要问题,需要依托专门的管理办法进行规范。本文件"总则"一章明确了网厅的建设目标、定义和建设原则。"职责与分工"一章十分重要,明确了网厅建设的相关单位,校长办公室负责总协调,信息化管理部门负责管理协调,信息中心负责平台建设和流程开发,业务流程所属单位负责流程的梳理,提供本单位流程以及牵头负责的跨部门流程建设所需要的材料,负责流程的使用培训等。"建设管理"一章明确了平台建设、人员管理、流程入驻、流程开发、流程上线以及线上线下结合的要求、措施和规范。由于网厅保存了师生个人大量敏感数据及办事数据,对安全性要求很高,因此,必须单独制定"安全管理"一章对技术安全、数据安全和账号安全等进行明确。为落实文件,确保在网厅快速建立各种流程,必须建立相应的措施和手段,将网厅流程建设纳入各单位年度考核内容,"绩效评估"一章即是明确这些措施。

第一章 总则

第一条 为提升学校管理与服务能力,学校建设了"一站式"网上办事大厅信息平台(以下简称"网上办事大厅")。为建设和管理好网上办事大厅,根据《信息化管理工作条例》《信息化技术架构建设条例》和《基础数据库建设与使用管理办法》等文件精神,结合学校信息化工作实际,制定本办法。

第二条 网上办事大厅。网上办事大厅是指将学校各类面向师生办理的审批、管理与服务业务流程(以下统称为"业务流程")数字化,并进行集成管理的综合信息平台,可实现师生网上业务办理、办理进度查询和服务评价,单位网上处理、统计查询等功能。网上办事大厅分为网页版和移动版,网页版网址为 　　　　,移动版集成在学校微门户"微校园"。

第三条 总体原则。网上办事大厅按照"统一规划、统一建设、规范管理、职责明晰"的原则进行建设和管理。

第二章 职责与分工

第四条 职责与分工。网上办事大厅建设、运行与管理相关部门及其职责如下。

1. 校长办公室
（1）督促协调校内相关单位在网上办事大厅建立业务流程；
（2）对上线运行的业务流程进行监督。

2. 信息化管理部门
（1）制定网上办事大厅相关管理制度；
（2）负责规划并统筹建设网上办事大厅，会同党办、校办部门协调解决网上办事大厅建设与管理过程中的相关问题；
（3）受理业务流程入驻网上办事大厅的申请；
（4）制定网上办事大厅突发事件技术应急预案，组织应急预案演练；
（5）保障网上办事大厅建设及其日常运维所需的信息化经费。

3. 信息中心
（1）负责网上办事大厅的业务流程、信息集成和数据共享等的技术实现，保障网上办事大厅安全、稳定、可靠运行；
（2）制定网上办事大厅的技术标准、安全规范及运维管理制度，设立专门的系统管理员；
（3）提供网上办事大厅建设与使用相关的技术咨询与培训服务。

4. 业务流程所属单位
（1）梳理、优化及再造本单位主管、牵头或参与的业务流程，确定业务流程的审核、审批、转办、办结等各个办理节点及其表单；
（2）在本单位设立业务流程管理员，负责落实本单位所涉业务流程各节点办理人员及其权限，并向信息化管理部门报备；
（3）督查本单位办理人员按时完成审核、审批、转办、办结等任务；
（4）制定所负责业务流程的线下应急办理预案；
（5）负责组织相关业务流程的培训和解释工作。

第三章 建设管理

第五条 平台建设。网上办事大厅信息平台的选型应坚持技术先进、成熟稳定等原则；与学校统一身份认证系统、信息门户等进行集成；其数据应通过学校基础数据库与办公自动化系统等相关业务信息系统的数据进行共享。

第六条 人员管理。网上办事大厅的所有申请人、办理人员、各级管理员等必须是学校在编在岗人员,信息中心根据备案信息对工作人员分配相应的管理权限。当上述人员信息及职责发生异动时,须及时报信息化管理部门备案,并由信息中心进行账号及权限的禁用、变更等;当相关人员调离原岗位时应办理交接手续,履行相关保密义务。

第七条　业务流程入驻原则。除保密等原因外,原则上学校各单位所有面向师生的管理与服务流程均应在网上办事大厅上实现或与网上办事大厅集成。

第八条　业务流程入驻申请。业务流程主管或牵头单位负责提交所负责的业务流程入驻申请,信息化管理部门对入驻申请进行审批。

第九条　业务流程建设与开发。业务流程主管或牵头单位召集业务流程相关单位对流程进行梳理,确定业务流程的节点及各节点的处理人等信息;信息中心负责流程开发。

业务流程需要与业务信息系统对接的,业务信息系统所属单位应配合为流程开发提供相应接口或对业务信息系统进行改造。

业务流程需要共享基础数据库或业务数据库中数据的,信息中心负责基础数据库中相关数据的共享,业务数据库主管单位负责业务数据库中相关数据的共享。

业务流程产生的数据需与业务信息系统共享的,由信息中心提供接口或数据共享,业务信息系统提供相关接口或中间数据接收共享数据。

第十条　业务流程上线。业务流程经该流程涉及的所有单位确认并配置完成相关工作人员管理权限后方可正式上线。

第十一条　业务流程变更。对现有业务流程进行变更时,业务流程主管或牵头单位应向信息化管理部门提交变更申请及变更需求。变更后流程的上线参考新流程上线程序。

第十二条　业务流程下线。需要撤除现有业务流程时,业务流程主管或牵头单位向信息化管理部门提交撤除申请,信息中心从技术上将该流程列入已下线流程,并保留流程相关数据可供查询统计等使用。

第十三条　线上线下对接。能线上办理的流程,应尽量全部实行线上办理;线下部分能够使用自助终端等自动化手段完成的,尽量使用自动化手段;线下部分需要人工完成的,在流程完成线上部分后,由流程申请人或办理人将线上部分打印后进入线下办理程序,打印件的真实性由线下收件人通过系统进行审核。

第四章　安全管理

第十四条　技术安全。信息中心为网上办事大厅及其运行环境提供统一的技术安全支持与管理服务,负责其技术安全。

第十五条　数据安全。所有申请人、办理人员、各级管理员、系统运行维护人员及其所在单位均负有保障数据安全的责任。未经允许,相关人员不得将网上办事大厅的表单、流程、数据、办理结果、评价结果等信息对外公开。信息中心负责按照程序对业务流程运转过程中产生的信息与数据等进行核实、取证等工作。

第十六条　账号安全。所有申请人、办理人员和管理员通过学校统一身份认证系统进入网上办事大厅,对本人账号和密码的安全负责。

第十七条　培训与使用。各级系统管理员应经过业务培训,考核合格后方可上岗。

第五章　绩效评估

第十八条　绩效评估。为提高网上办事大厅各业务流程的使用与办结效率,相关部门组织年度绩效评估,绩效评估结果报人事部门备案,并将评估结果纳入单位年度考核内容。

第六章　罚则

第十九条　责任追究。因网上办事大厅相关工作人员疏于职守、账号密码泄露、账号借与他人、审核不严等原因而导致发生安全事件或不良后果的,追究相关责任人的直接责任,追究单位负责人的领导责任;盗用他人账号的,追究盗用人员的法律责任。

第七章　附则

第二十条　本办法自发布之日起施行,由信息化管理部门负责解释。

7.12 信息化自助设备建设与运行维护管理办法

解析 随着师生对便捷办事需求的爆发式增长,线上线下一体化服务成为高校信息化建设的热点之一。实现线下"不见面服务"的主要载体是信息化自助设备。信息化自助设备需求多样、种类繁多,若管理不善则容易出现混乱,必须通过制定《信息化自助设备建设与运行维护管理办法》来规范其建设、管理和运维。本文件"总则"一章主要明确信息化自助设备的定义和文件适用范围;明确建设原则为"统筹规划、分类建设、功能共享、权责明晰",以确保建设规范统一,资产归属清晰,减少多头管理、重复建设等情况,涉及多个部门业务的自助设备实行牵头负责制;明确设计原则为"统一外观标识、统一界面风格、统一认证方式、统一支付手段",以防止自助设备的外观和界面五花八门,给师生使用带来使用困惑和不佳体验。"职责与分工"一章明确了所涉部门和单位的职责,分别涉及信息化管理部门、信息中心、建设单位、保管单位和开发单位,每个部门和单位承担相应的职责。"建设管理"一章明确了需求提出、需求审核、方案确定和系统建设的流程,减少重复建设的统筹工作应在这个阶段完成。自助设备尤其是多部门共享的自助设备运维如果分工不明确,容易出现运维真空地带。"安全管理"一章明确了信息安全和资产安全,防止出现网络安全事故或资产损失。"考核评价"一章明确了考核评价的方法,确保文件得到落实。

第一章 总则

第一条 为推进利用信息化自助设备向师生提供"不见面服务",规范信息化自助设备建设与运行维护工作,提高建设水平,结合学校信息化工作实际,制定本办法。

第二条 适用范围。信息化自助设备是指为满足学校管理或服务需求而建设的具有人机界面的自助终端设备(以下简称自助设备)。根据业务需要,自助设备可向本校教职工、学生或校外人员提供服务。学校各单位建设的各类自助设备适用本办法,引进的社会化自助设备参照本办法执行。

第三条 建设原则。自助设备建设应遵循"统筹规划、分类建设、功能共享、权责明晰"的总体原则。为避免重复建设,确保自助设备的外观一致性和良好的用户体验,对全校自助设备实行统筹规划。自助设备建设的主要目标是为师生提供"不见面服务",在校园内合理布局,面向师生服务的自助设备首选部署在师生服务中心,少量部署于教学楼、学生宿舍区等公共区域,严格控制在科研办公大楼内部署数量。根据业务类型和用户需求,对自助设备实行分类建设,相近的功能尽可能集中到同一类自助设备中,共享使用。按照"谁的业务,谁建设"原则,根据自助设备提供的主要业务归属部门或自助设备后台信息系统所属部门确定自助设备的建设主体;多部门共享的自助设备建设按照"谁先建,谁牵头"的原则确定牵头部门。明确各部门在自助设备的规划、建设、实施、技术审核、运维保障和耗材管理等方面的职责与分工,确保自助设备服务的水平和可持续性。

第四条 设计原则。自助设备按照"统一外观标识、统一界面风格、统一认证方式、统一支付手段"的基本原则进行设计和建设。自助设备用户认证一般应提供校园卡认证、统一身份认证系统二维码扫码认证两种方式,视情况提供短信码验证、人脸识别、虹膜识别等认证方式。自助设备的支付方式以校园卡支付为主,其他支付方式为辅。自助设备的系统界面应简洁大方,便于操作。自助设备的声音提示应音量适中,声音悦耳。建设单位应在自助设备用户界面及设备外部显示或印刷该设备建设单位名称和联系电话,在设备安置地点设置操作说明、导览牌等提示信息。

第二章 职责与分工

第五条 单位与职责。自助设备建设与运行维护过程中,涉及的单位主要包括信息化管理部门、信息中心、建设单位、保管单位和开发单位。建设单位是指负责建设自助设备的学校二级单位;保管单位是指自助设备实际存放场地归属的学校二级单位;开发单位是指通过合法采购流程确定的具体承担自助设备开发工作的公司等。各单位职责如下。

1. 信息化管理部门
(1)制定自助设备相关管理制度;
(2)协调解决自助设备建设与运行维护过程中出现的重大问题;
(3)审核自助设备建设与运行维护的各阶段工作;
(4)监督各单位在自助设备建设与运行维护过程中严格遵守各项规章制度并认真履行各自职责;
(5)对自助设备的建设、运行情况进行考核评价,考核评价结果与建设单位的信息化建设总体考核、项目和经费等挂钩。

2. 信息中心

(1) 根据建设单位需求,为自助设备提供稳定的网络接入,为自助设备提供统一身份认证、校园卡、人脸识别、虹膜识别等技术对接,为自助设备后台信息系统提供测试环境和生产环境;

(2) 对自助设备建设和运行维护的各阶段工作进行技术审核;

(3) 结合学校信息化建设实际情况,制订各类自助设备外观和系统界面标准;

(4) 为建设单位提供必要的技术咨询服务,协助完成相关信息系统对接。

3. 建设单位

(1) 完成项目申报、设备采购、建账、验收等程序的相关工作;

(2) 监督开发单位严格遵守合同及学校相关规范进行系统开发;

(3) 负责自助设备运行维护,建立相应工作制度保障设备运行正常,及时更换纸张等耗材;

(4) 负责自助设备的故障申告受理、咨询和建议,及时进行故障处理。

4. 保管单位

(1) 为自助设备提供合适的存放空间、稳定的电源供应以及空调等必要的条件;

(2) 为用户提供必要的引导服务;

(3) 设备发生故障及时通知建设单位。

5. 开发单位

(1) 负责根据合同约定和学校相关规范要求完成自助设备软硬件开发、实施及质保服务工作;

(2) 配合建设单位完成设备与系统测试及上线工作;

(3) 完成自助设备和相关信息系统的对接工作;

(4) 配合建设单位做好自助设备运维工作。

第三章　建设管理

第六条　需求提出。建设单位根据本单位业务需要,结合当前自助设备技术,编制需求调研报告。需求调研报告应说明自助设备的主要功能模块、外观要求、配置要求和需求数量等。

第七条　需求审核。建设单位将需求调研报告提交信息化管理部门审核。信息化管理部门会同信息中心,结合建设单位需求和校内现有自助设备总体情况,对需求进行审核。审核原则是:校内现有自助设备能满足建设单位需求的,原则上不新建自助设备,在现有设备上集成所需功能。现有设备的建设单位作为牵头部门应积极支持,召集新的需求部门共同研究方案,后建部门的需求原则上以已建成系统确定的标准执行。审核通过后,进入方案详细设计阶段。

第八条 方案确定。建设单位根据需求调研情况和审核意见,详细设计自助设备的方案,并报信息化管理部门。方案主要包括自助设备面向的用户情况、主要功能模块、外观规格、打印要求、纸张要求、数据共享要求、与网上办事大厅信息平台或相关信息系统对接要求、与校园卡系统对接要求、需求台数和拟部署地点等。集成在现有设备上的,还要提供与现有设备所属单位的分工方案等。信息化管理部门按照学校信息化经费和信息化项目建设相关程序组织专家论证和办理立项审批手续。

第九条 系统建设。自助设备及其后台信息系统的设计、开发、测试、安全检测、初步验收、上线试运行等按照《信息系统建设与运行维护管理办法》执行。

第四章 运维管理

第十条 运维与故障处理。建设单位应加强对自助设备的日常巡查,及时进行更换耗材等操作。自助设备发生故障时,建设单位应立刻张贴停止服务公告;部署在师生服务中心的自助设备应在1个工作日内解决故障,部署在其他位置的自助设备应在3个工作日内解决故障;无法解决故障的,应使用备用设备或进行调换。

第十一条 共享设备运维。多个部门共享一台自助设备的,应明确牵头部门,由牵头部门根据情况组织分工,安排参与部门进行巡查或故障处理。

第五章 安全管理

第十二条 物理及信息安全。建设单位与保管单位应保障自助设备的安全,采取必要的措施防止设备被损或被盗。自助设备发生信息安全事故时,应立即关机,并按照《信息技术安全事件报告与处置流程》进行处理。

第六章 考核评价

第十三条 考核与评价。信息化管理部门对自助设备的建设、运行和服务等进行考核和评价,协调解决师生对自助设备的投诉。对于在自助设备建设过程中主动作为、主动担当的单位给予通报表扬和支持,对于推诿扯皮、不按规定或规范建设、师生反映强烈却拒不整改或整改不力的建设单位给予通报批评。

第七章　附则

第十四条　本办法自发布之日起实施,由信息化管理部门负责解释。

第十五条　对在本办法实施前已建有的且不符合本办法相关规定的自助设备,其建设单位应当在本办法公布之日起一年内完成自助设备的整改工作,并向信息化管理部门报备相关信息。

7.13 校园卡管理办法

解析 校园卡系统是学校信息化中非常重要的基础平台之一,其用户多、功能复杂、要求高、对接系统多、规则性强,必须有一套完整的管理制度进行规范。《校园卡管理办法》是保障校园卡系统正常运行,校园卡业务正常运转的总文件,除此之外,还需制定关于卡务管理、资金结算、部门收费户、专网和设备管理等文件。"总则"一章明确了校园卡、校园卡系统、第三方集成、校园卡商户等校园卡相关名词的定义。校园卡的发卡方为学校,明确了"未经学校批准,任何单位不得另外发放具有校内身份识别、消费结算功能的证卡",避免其他电子卡片再出现在校园里(包括BOT方式厂家发放的卡片),以确保校园"一卡通"。"职责与分工"一章明确了信息化管理部门、信息中心、财务部门、后勤部门等几个校园卡相关部门承担的职责和分工。校园卡系统是一个复杂系统,必须明确各参与方的职责及界限,需要各方协同才能确保系统正常运转。"校园卡的分类及卡务管理"一章主要明确了校园卡的分类及发放,这是校园卡管理的核心部分。校园卡的主要功能之一是身份识别,涉及与其他第三方系统的集成,"校园卡身份识别功能和第三方集成系统管理"一章明确了第三方系统对接集成的要求,明确了校园卡系统和第三方系统对接规范和要求。校园卡的另一个主要功能是消费功能,"校园卡消费结算功能和商户管理"一章明确了校园卡消费结算以及商户结算相关的规定。"使用管理规则"一章明确了校园卡使用的相关细则,从而规范校园卡的使用行为,确保校园卡的运转顺畅。

第一章 总则

第一条 为推进学校信息化,规范校园卡使用和管理,保障校园卡系统安全稳定可靠运行,维护学校、持卡人和校园卡系统各应用方的合法权益,根据《信息化管理工作条例》《信息化技术架构建设条例》和《信息管理系统使用人员编号编码管理办法》等管理规章,制定本办法。

第二条 校园卡是学校统一制作并发放给师生员工及相关人员的智能式身份凭证,在校园内具有身份识别和消费结算功能。

校园卡系统是支持校园卡验证的管理信息系统,是推进校务管理信息化、提高管理效率和服务质量的基础工程。

校园卡第三方集成系统是指由校内单位建设、管理的与校园卡系统联网对接并依托校园卡识别持卡人身份的管理服务信息系统。

校园卡商户是指获准使用校园卡消费终端、利用校园卡校内消费结算功能收取消费款项并定期与学校财务部门结算的单位。

第三条 校园卡持卡人以及接受校园卡办理业务的相关方，均被视为承诺遵守本管理办法及相关规定，并承担相应责任。

校园卡持卡人在安装有校园卡系统终端的场所使用校园卡时，其所持校园卡具体功能由该终端所属管理部门相应规章制度决定，持卡人应根据其规程使用校园卡。

第四条 校园卡由学校发行，并在所属各校区通用。

学校职能部门负责建设的信息化项目，凡涉及师生身份验证或校内现金收费等应用，应与校园卡系统对接。

未经学校批准，任何单位不得另外发放具有校内身份识别、消费结算功能的证卡。

第二章 职责与分工

第五条 信息化管理部门负责组织制定校园卡系统发展规划和相关管理制度，组织协调校园卡系统建设和运行。

第六条 信息中心承担校园卡系统的建设、管理和服务工作，负责校园卡系统的运行维护和技术服务。信息中心下设校园卡服务部门，具体负责校园卡卡务管理、校园卡专网和设备管理、系统运行维护、技术支持、服务和培训等工作，并在各校区设立服务大厅。

第七条 财务部门负责校园卡系统的资金结算工作。

第八条 后勤部门分别在主校区和分校区负责各类校园卡现金充值、消费卡卡务管理、所辖商户管理等工作。

第九条 其他有关单位经批准后，可承担部分类型校园卡的发行管理工作。

第十条 校园卡系统运行维护和人员经费由学校单独预算。

第三章 校园卡的分类及卡务管理

第十一条 校园卡分为教工卡、学生卡、普通卡、纪念卡、功能卡和消费卡六类；其中，消费卡仅具校内消费结算功能，其余各类校园卡在校园内兼具身份识别和消费结算功能。

各类校园卡由校园卡服务部门统一制作。

第十二条 教工卡、学生卡、普通卡和纪念卡统称为记名校园卡。

申领记名校园卡的人员信息采集和维护工作由《信息管理系统使用人员编号编码管理办法》所确定的部门负责;相应部门将印制校园卡所需人员信息提交给校园卡服务部门,并对所提交的信息负责。

已申领记名校园卡的人员,若所持校园卡销户,不能以同一人员编号再次申领同类型校园卡。

第十三条 教工卡发放给大学部教职工、附属医院职工。

大学部教职工凭大学人事管理部门提供的相关材料到校园卡服务部门申领或注销教工卡。

附属医院职工凭附属医院人事管理部门提供的相关材料到校园卡服务部门申领或注销教工卡。

教职工调离大学之后,其教工卡不收回,该教工卡的身份凭证功能失效,保留校内消费结算功能,视同纪念卡。

第十四条 学生卡发放给学籍在我校的学生。

校园卡服务部门在新生入学前为制卡资料齐全的新生集中办理学生卡,并交由学生管理部门发放给新生。保留入学资格、放弃入学资格和取消入学资格的人员所预制的学生卡,由学生管理部门收回并交校园卡服务部门销毁。

未集中办理学生卡的学生,可到校园卡服务部门办理申领学生卡手续。

学生卡初始有效期按持卡人正常毕业时间设定。学生未在规定学习期限内完成学业,需延期毕业时,经相关管理部门批准,可办理学生卡有效期延长手续;要求换发校园卡的,按换卡程序办理。

学生结束学习,办理离校手续后,其学生卡不收回,该学生卡的身份凭证功能失效,保留校内消费结算功能,视同纪念卡。

经批准保留学籍的学生,在保留学籍期间,其所持学生卡的身份识别功能中止,该校园卡可等同于消费卡在校内使用。学生恢复学籍后,需办理恢复学生卡功能手续。被学校取消学籍的,其所持校园卡账户销户。

根据《学生注册管理办法》,学生应按学期向学校申请注册。学生在注册期过后未注册的,其学生卡的身份识别功能中止,可等同于消费卡在校内使用;注册通过后,恢复学生卡正常功能。

第十五条 普通卡发放给:①在我校工作但人事关系不在我校的工作人员;②在我校学习但不具有我校学籍的学生、学员。

申领普通卡的相关人员,在其相关个人信息由有关部门采集并提交给校园卡服务部门之后,到校园卡服务部门办理申领普通卡手续。

学生、学员的普通卡,其有效期一般不超过其在我校的学习期限;工作人员的普通卡,其有效期一般不超过一年。普通卡有效期满后,经相关管理部门批准,可办理普通卡有效期延长手续。

第十六条 纪念卡发放给学校来宾(包括校友等)。

有关部门需发行纪念卡的,应向信息化管理部门申请,并根据审批结果向校园卡服务部门提供制卡资料。

纪念卡超过有效期的,持卡人可自助办理申请有效期展期15天手续。纪念卡可多次办理有效期展期手续。

第十七条 建设有校园卡第三方集成系统的校内有关单位因提供社会服务需要,经批准后可向校外人员发放功能卡。

需依托功能卡提供社会服务的相关单位向信息化管理部门申请功能卡发行量。在批准的功能卡发行额度内,相关单位可以向有关校外人员发放功能卡。

功能卡发放管理单位按照有关要求采集功能卡申领人信息。

对于已在校园卡系统中实名登记持卡人信息的功能卡,可在持卡人办理相应手续后,实现在校内有关单位建设的校园卡第三方集成系统中通用。

第十八条 消费卡发放给仅需校内消费结算功能的人员。

后勤部门向信息化管理部门申请消费卡发行量。在批准的消费卡发行额度内,后勤部门向申请者发放消费卡。

第十九条 记名校园卡遗失后,持卡人应及时办理挂失手续。

因持卡人保管不善或挂失不及时所产生的后果,由持卡人本人承担。

第二十条 记名校园卡挂失后,持卡人可到原发卡部门申请补办相同类型的校园卡。

补卡后,原卡注销,持卡人校园卡系统中原账户剩余资金转移至新卡。

第二十一条 记名校园卡因污损毁坏或其他原因,需换新卡的,持卡人可到原发卡部门申请换卡。

换卡后,原卡注销,持卡人校园卡系统中原账户剩余资金转移至新卡。

第二十二条 记名校园卡挂失后,不能再使用;在没有补卡换卡前找回原卡,持卡人可在办理解挂手续后继续使用。

第二十三条 因技术原因造成校园卡被冻结时,持卡人可办理解冻手续;成功办理解冻手续后,原卡可继续使用。

第二十四条 校园卡有效期到期且未办理有效期展期手续的,该校园卡身份识别功能暂停使用。

纪念卡、功能卡等发卡管理部门可根据管理需要,在通知持卡人之后,对有关纪念卡、功能卡予以销户。

第二十五条　学生、大学部教职工和附属医院职工按规定申领首张学生卡或教工卡,其工本费由学校承担;其他人员申领校园卡,需缴纳工本费。

补卡或换卡,均需缴纳工本费。

校园卡销户时,所缴工本费不予退还。

第二十六条　校园卡自发卡之日起30天内,如非人为原因造成卡片无法使用,且卡片无明显压痕、折痕、穿孔等,持卡人可到原发卡部门免费更换新卡。

第二十七条　持卡人所属单位信息变更时,校园卡服务部门依据有关部门通知在校园卡系统变更其相关信息,持卡人不需更换校园卡。

如持卡人要求换发校园卡,缴纳工本费后可按换卡程序办理。

第二十八条　校园卡服务部门设立校园卡系统服务网站和校园卡自助服务设备,为持卡人提供信息查询和自助服务。

持卡人办理校园卡销户手续后,校园卡系统服务网站不再提供该卡的信息及账务查询功能,该卡也不能再次开通使用。

第四章　校园卡身份识别功能和第三方集成系统管理

第二十九条　需使用校园卡身份识别功能、将本单位管理服务信息系统与校园卡系统对接的校内单位,应制订技术对接方案,向信息化管理部门提出书面申请。

信息化管理部门会同信息中心论证技术对接方案,审批对接申请。

提出对接申请的校内单位为该校园卡第三方集成系统的管理部门。

第三十条　校园卡第三方集成系统管理部门按照已批准的技术对接方案和校园卡系统技术规范建设其应用子系统,信息中心给予技术支持。

校园卡第三方集成系统管理部门应根据校园卡身份识别业务需求,在经校园卡服务部门认证的校园卡身份识别设备(模块)产品型号目录中选购配置与本部门业务系统运行环境相匹配的校园卡系统联机终端或手持设备,采用刷卡方式验证。

校园卡系统服务网站提供查询服务,可用于查验校园卡有效性及其卡面信息真实性。

第三十一条　校园卡第三方集成系统管理部门完成应用子系统建设,校园卡身份识别设备(模块)安装到位,系统通过联调,并通过信息中心接入验收的,可启用该应用子系统。

第三十二条　校园卡第三方集成系统管理部门应采取有效措施,保障本单位应用子系统安全、稳定、可靠运行。

校园卡第三方集成系统管理部门应根据本单位职责和业务需求,对校园卡身份识别范围制定明确的操作规程和权限界定,并承担信息安全和保密责任。

第五章　校园卡消费结算功能和商户管理

第三十三条　校园卡不具备透支功能,须先充值,后消费。

校园卡持卡人可在校园卡系统提供的充值方式中选用合适方式为校园卡账户充值。

校园卡账户中金额不计算利息,不能以现金方式支取。

第三十四条　记名校园卡销户时,可以将校园卡账户余额通过银行转账方式退还给持卡人。如果校园卡已绑定关联银行账户,则账户余额将自动退还至所关联的同户名银行账户;如果未绑定关联银行账户的,持卡人可提供在与校园卡系统有转账协议的指定银行开设的同户名银行账户,用于接收校园卡账户余额。

第三十五条　校园卡可设置查询密码和消费密码。查询密码和消费密码由持卡人自行设置、保管和修改。

校园卡可设置消费限额。如果消费超过限额,需输入消费密码。持卡人可自行设置和修改限额。

第三十六条　接受持校园卡消费的场所,可在不违反法律法规的情况下对不同持卡人群制定相应的消费政策,或伴随消费收取适量管理费。

接受持校园卡消费的场所对不同类别校园卡或不同持卡人实行差别化消费政策的,应将消费政策通过适当方式告知消费者。

持卡人在消费场所持校园卡消费时,应自行查阅该场所的消费政策。

第三十七条　校园卡商户主要分为:部门收费户、后勤商户。

部门收费户指学校有关单位借助校园卡校内消费结算功能收取各类行政事业性收费、服务性收费和代收费而开立的账户。

后勤商户指后勤部门所辖经营组织开立的账户。

第三十八条　学校有关单位拟使用校园卡校内消费结算功能收取经批准设立的有关收费项目款项的,应向信息化管理部门申请成为部门收费户,由信息化管理部门、财务部门联合审批。

对于后勤部门所辖在校园内有固定营业场所的经营组织,拟使用校园卡校内消费结算功能收取消费款的,应承诺遵守学校校园卡商户管理规程,分别向后勤部门、分校区后勤部门申请成为后勤商户。

第三十九条　校园卡商户根据经营业务需求,在经校园卡服务部门认证的产品型号目录中选购配置校园卡消费POS机设备。

经批准并配备消费POS机的商户,到校园卡服务部门办理商户接入手续,并缴纳校园卡商户接入费。

第四十条 校园卡商户不得拒绝校园卡持卡人的正常刷卡消费,并有责任和义务及时、主动、妥善地解决持卡人在消费过程中出现的各种纠纷。

校园卡商户应提供商户负责人姓名和联系方式,并指定专人负责校园卡消费系统的管理和日常维护。

禁止校园卡商户擅自采用脱网模式使用校园卡消费POS机;否则,由此造成的经济损失,由该商户承担。

因技术原因发生商户重复收费现象时,该商户应服从校园卡管理部门对商户结算账户的调账处理。

校园卡系统商户有权要求校园卡管理部门及时对不符账务进行查询或改正。

第四十一条 财务部门一般与商户每月结算一次。

对于后勤商户的收入,由财务部门分别汇总与后勤部门、分校区后勤部门结算,再由后勤部门公司内部结算。

第四十二条 商户结算时,学校按结算金额收取校园卡商户管理费,直接从结算资金中扣除。

第四十三条 校园卡商户销户时,向原审批部门提出申请,办理相关手续。销户时,所缴校园卡商户接入费不予退还。

第六章 使用管理规则

第四十四条 校园卡仅限持卡人本人使用,不得出租、转让、抵押,否则校园卡服务部门将予以冻结该校园卡账户,或予以销户。

拾获他人校园卡,应及时与校园卡服务部门联系。拾获他人校园卡不上交且侵犯持卡人合法权益的,视情节轻重,依法依规给予处理;触犯法律的,依法追究法律责任。

第四十五条 凡出具校园卡或使用校园卡密码进行的各项业务和交易均视为持卡人本人行为。

校园卡交易所产生的电子信息记录为该项交易的有效凭据。校园卡管理单位有权将持卡人使用校园卡的收支款项、费用等记入其校园卡账户。

第四十六条 任何人不得涂改校园卡。

校园卡第三方集成系统管理部门和校园卡商户可以拒绝污损涂改校园卡的使用。校园卡服务部门可以冻结污损涂改校园卡的账户,或予以销户。

第四十七条 严禁仿冒、伪造校园卡,严禁窃取、篡改、破解校园卡芯片内信息。如发生此类破坏计算机信息系统的行为,视情节轻重,依法依规给予处分;触犯法律的,依法追究法律责任。

第四十八条 持卡人有权知悉其申领校园卡的功能、使用方法、收费项目和收费标准。

持卡人有权在规定时间内要求对本人校园卡账户的可疑账务内容进行查询,并对错误账务要求更正。

持卡人有义务配合校园卡服务部门、财务部门对其账户出现异常进行的调查。

持卡人有权监督校园卡系统各运行方的服务行为,并对低劣服务质量进行投诉。

第四十九条 因技术原因造成校园卡透支的,校园卡管理单位有权向持卡人追索透支款项,并冻结其校园卡账户。持卡人在清偿透支款项后,所持校园卡方可正常使用。

当银行卡系统与校园卡系统账户对账不平需调账时,持卡人应服从学校对持卡人校园卡账户的调账处理。调账方式包括但不限于:从银行卡扣款、从校园卡扣款、持卡人补缴款、向持卡人退款。

第五十条 校园卡服务部门负责对校园卡自助服务设备和公用设备进行管理和维护。

各校园卡第三方集成系统管理部门、校园卡商户的校园卡专用设备(包括但不限于:身份识别设备、消费结算设备,下同),由各管理部门、商户自行管理和维护保养。校园卡服务部门提供技术支持。

校园卡服务部门配备适量常用类型的校园卡身份识别设备和消费结算设备,用于公用周转、应急所需和备品支持。

第五十一条 禁止任何校园卡第三方集成系统管理部门、校园卡商户发生以下行为:

(1) 将未经校园卡服务部门认证、鉴证授权的校园卡专用设备接入校园卡系统;

(2) 拆装、迁移校园卡专用设备;

(3) 更改校园卡系统专线路由;

(4) 将已鉴证授权的校园卡专用设备转借、转租给第三方使用。

发生上述行为者,校园卡服务部门有权终止其接入服务。终止接入服务的校园卡商户,所付校园卡商户接入费不予退还。因发生上述行为造成持卡人或其他方利益损失的,由应用子系统管理部门或商户赔偿损失;造成信息泄露触犯法律的,依法追究法律责任。

第七章　附则

第五十二条　校园卡卡面印制信息、校园卡芯片内存储信息及校园卡系统内持卡人账户信息等,不具有证明持卡人与学校存在劳动关系、人事聘用关系或拥有大学学籍(学习资格)的效力。

因信息更新等客观原因,当校园卡卡片印制信息与校园卡芯片内存储信息不一致时,以校园卡芯片内存储信息为准;当校园卡芯片内存储信息与校园卡系统内对应持卡人账户信息不一致时,以校园卡系统信息为准。

第五十三条　信息中心、财务部门、后勤部门、医学院后勤部门及其他校园卡管理部门应依据本管理办法,制定相关管理服务业务工作规程,并报信息化管理部门审批。

第五十四条　本办法自发布之日起施行,由信息化管理部门协同有关部门予以解释。

7.14 校园卡资金结算管理办法

解析 消费及结算是校园卡的两大核心功能,由于涉及大量资金,因此一般需单独制定《校园卡资金结算管理办法》,并由财务部门负责。该管理办法既要保证为师生和其他持卡人提供便捷的充值手段,也要有助于做好各类部门收费户或商户的结算服务工作,确保校园卡账目清晰、有据可查,从而保障校园卡系统的正常运转。

第一章 总则

第一条 为规范校园卡资金结算管理,保障资金安全,维护持卡人、结算单位和学校的正当权益,更好地为校内各单位和师生服务,按照国家有关政策,结合学校实际,根据《校园卡管理办法》制定本办法。

第二条 财务部门负责校园卡资金结算与账务管理。本办法中校园卡资金是指校园卡本金、收益及往来账款等资金。本办法适用于使用校园卡系统消费的部门(单位)和个人。

第三条 校园卡资金纳入学校财务统一管理,实行"专项管理、单独核算、收支两条线"。校园卡资金结算、财务管理工作由学校财务部门统一管理,所有通过校园卡系统的资金结算必须严格遵守国家有关财经法规和学校财务管理制度。各单位、个人的资金结算均以校园卡系统所提供的报表为依据。

第二章 用户资金结算

第四条 校园卡本金充值。本金充值是指向校园卡持卡人(以下简称用户)的校园卡个人账户增加资金的行为。原则上不办理单位经费向校园卡本金充值业务。本金的充值包括以下几种业务类型。

(1) 现金充值:是指用户直接到校园卡充值点通过现金缴纳的方式进行充值。

① 现金充值人员负责收取充值现金,清理汇总后,必须及时将每天收取的现金交存学校银行账户,同时将银行的现金缴款单交财务部门进行账务处理。

② 校园卡财务管理人员负责对现金充值业务进行审核,每天核对充值金

额,保证校园卡系统数据与实际入账金额一致。

(2)圈存机充值:是指通过银行转账的方式在圈存机上向校园卡个人账户充值,只有签约银行的银行卡可以在圈存机上转账充值。校园卡财务管理人员应及时完成校园卡系统数据与银行账目的核对。

(3)自动充值:校园卡可以开通与签约银行绑定的自动充值功能。自动充值设定最低额度为50元,当校园卡内金额小于50元时,自动从绑定的签约银行卡内转账设置的金额至校园卡。持卡人可通过校园卡服务部门所提供的渠道申请开通该功能。

(4)网上充值:目前可通过签约银行的官方网银为校园卡在线充值。

第五条 校园卡消费。校园卡消费是指校园卡持卡人在校园卡商户的POS机刷卡消费。刷卡后,持卡人账户资金减少,商户账户资金增加。在商户结算日,校园卡财务管理人员与商户认真核对系统自动产生的数据,经过审核签批后,交财务部门会计人员进行转账处理。

第六条 校园卡收入。校园卡收入是指在校园卡运营过程中产生的收益,包括补卡、换卡时收取的工本费以及校园卡商户接入费、校园卡商户管理费等收入。校园卡收入按照收支两条线原则全部收归学校。

校园卡服务部门卡务人员将以现金形式收取的校园卡工本费等存入学校专用账户,并将现金缴款单交财务部门入账。

第七条 校园卡支出。校园卡支出是指在管理校园卡业务活动中发生的各项费用。主要包括业务费、劳务费、制卡成本费、校园卡系统专网及校园卡系统数据中心等设备运行维护费等各项开支。校园卡支出按照收支两条线原则根据每年实际需要情况向学校申请预算资金。

第三章 商户结算

第八条 商户结算每月一次。如有特殊情况,商户的管理部门可与财务部门商定结算周期。

第九条 商户结算时,部门收费户暂时免收校园卡商户管理费,其他商户按其所结算的实际消费额的 0.×‰ 缴纳管理费。

第十条 校园卡各商户应核对每日交易明细账,发现差错应及时和校园卡服务部门联系。

第十一条 校园卡商户下属的子商户及其组织机构发生变更,各商户应及时通知校园卡服务部门进行更改。否则,由于组织机构变动而造成的系统数据转账不到位,由各商户自行负责。

第十二条 商户应自觉遵守校园卡系统操作规范,不得无故脱机使用消费POS机,造成账目不一致的,以校园卡系统认可的金额为准进行结算。

第十三条 当因系统原因发生商户重复收费现象时,商户应服从学校对商户结算账户的调账处理,在系统内向持卡人作"商户退款"处理。

第十四条 已在校园卡服务部门办理商户接入手续的商户结算,按照以下流程进行。

(1) 财务部门根据校园卡系统提供的数据将"商户清算汇总报表"交予各商户对账。

(2) 商户签字确认无误后,填制"校园卡特约商户支取表",经相关部门审核。

(3) 商户凭"校园卡特约商户支取表"到财务部门办理资金划转。

第四章 其他

第十五条 校园卡财务管理人员要严格区分收入、本金、系统平账以及其他方式形成的资金,与校园卡系统自动产生的数据核对,做到账实相符。

第十六条 校园卡只能进行消费,不允许提取现金。

第十七条 学生、大学部教职工和附属医院职工按规定申领首张学生卡或教工卡,学校免收工本费。其他人员申领校园卡,学校收取工本费每张×元。

校园卡在发出后30天以内,如非人为原因损坏,可免费换卡。其他情况补卡或换卡,学校收取工本费每张×元(工本费最终标准以物价局批准为准)。

第十八条 校园卡服务部门系统维护人员不得在后台进行任何与校园卡资金数据有关的处理,如因技术等原因需要直接在后台处理数据时,应及时与财务部门沟通,共同协作完成。

第五章 附则

第十九条 本办法自发布之日起施行。

第二十条 本办法由财务部门负责解释。

7.15 校园卡卡务管理规定

解析 校园卡系统规模庞大、系统复杂、卡务管理繁杂,很多细节和规范需要在《校园卡管理办法》框架下通过制定《校园卡卡务管理规定》来明确和约定。本文件首先在"总则"一章中明确了卡务管理的部门。有的高校卡务管理在信息中心,有的则在财务部门,侧重于校园卡身份认证功能的一般在信息中心,侧重于消费结算功能的一般在财务部门。"卡务管理"一章主要包括各类卡的申领程序、有效期、挂失与解挂、冻结与解冻、销户等。校园卡的种类繁多,需要确定每类卡片的具体申领或发放程序,确保校园卡快速、准确、及时发放到位。有效期是校园卡非常重要的指标之一,需要通过学校基础数据库与相关人员管理数据库对接,根据人员数据库中人员信息确定校园卡的有效期。为了确保人员的正常有序离校,到期前可能还需要设置一定的过渡期。校园卡冻结是改变校园卡状态的一种重要且常见的操作,可根据学生出国、未按期完成注册等情况对卡片进行冻结处理,在批量冻结时应对冻结操作设置复核程序。校园卡销户由于涉及卡内余额的清退,也需要建立完整的程序进行妥善处理。

第一章 总则

第一条 为了加强校园卡卡务管理工作,根据《校园卡管理办法》和《校园卡资金结算管理办法》等管理规章,制定本规定。

第二条 信息中心校园卡服务部门(以下简称校园卡服务部门)负责校园卡卡务管理工作。

第三条 后勤部门分别在主校区和分校区负责各类校园卡现金充值、消费卡卡务管理。

第二章 卡务管理

第四条 校园卡的制作。

校园卡服务部门统一制作各类校园卡,校园卡卡面根据学校确定的设计方案印制。

第五条 教工卡、学生卡及普通卡的申领。

申领教工卡、学生卡及普通卡的人员信息采集和维护工作由《信息管理系统使用人员编号编码管理办法》所确定的部门负责；相应部门将印制校园卡所需人员信息提交给校园卡服务部门，并对所提交信息的真实性、完整性、准确性负责。

教工卡、学生卡及普通卡可采用集中申领和个别申领两种方式。新生入学一般采用集中申领。

集中申领时，由相关人员的信息采集和维护部门根据校园卡服务部门制定的流程和数据提交方式将制卡所需信息提交给校园卡服务部门。

个别申领时，已建立人员信息管理数据库的部门应先通过学校统一数据交换平台将制卡所需人员信息同步至校园卡系统，再由本人持有效证件，到校园卡服务部门办理。暂未建立人员信息管理数据库的部门应先在校园卡服务平台填写"校园卡申领表"并加盖公章，再由本人持有效证件及"校园卡申领表"，到校园卡服务部门办理。

校园卡服务部门依照《校园卡管理办法》等管理规章对申领进行审核，对不符合规定的申领拒绝办理。

第六条　功能卡及纪念卡的申领。

功能卡及纪念卡可采用集中申领和个别申领两种方式。

集中申领时，由发卡管理单位按照有关要求批量采集功能卡申领人信息后提交校园卡服务部门集中办理。

个别申领时，由申领人至发卡部门填写申领表格并办理相关手续后，持本人有效证件到校园卡服务部门办理。

第七条　消费卡的申领。

消费卡的申领依照后勤部门制定的《校园卡消费卡管理办法》的规定，由申领人到后勤部门指定窗口办理。

第八条　校园卡的有效期。

记名校园卡有效期以人员信息采集负责部门提供并经相关部门审核的数据为准。

超过有效期时，系统自动冻结记名校园卡，具备延期资格的持卡人可办理有效期延长（以下简称延期）手续，不具备延期资格的持卡人可继续保留卡片并通过自助或人工方式解冻校园卡的消费功能，也可办理销户手续。

教工卡、学生卡和普通卡的延期可采用自动延期和人工延期两种方式。

自动延期适用于已建立人员信息管理数据库，并通过学校统一数据交换平台将校园卡延期所需的异动数据同步至校园卡系统的部门。由此类部门负责的相关人员需要延期时，可在异动数据同步至校园卡系统后，由本人持校园卡在任一校园卡自助服务终端上办理或至校园卡服务部门办理。

暂未建立人员信息管理数据库或未同步异动数据的部门,其负责的人员需要办理校园卡延期手续时,采用人工延期方式。应先在校园卡服务平台填写"校园卡延期申请表"并加盖公章,再由本人持校园卡及"校园卡延期申请表",到校园卡服务部门办理。

纪念卡和功能卡的有效期由发行部门根据相关管理办法确定。纪念卡超过有效期的,持卡人可根据相关部门制定的管理细则在任一校园卡服务终端上自助办理申请延长有效期15天的手续。

功能卡超过有效期的,采用人工延期方式。应由持卡人先在校园卡服务平台填写"校园卡延期申请表"并到功能卡的发行部门办理相关手续后,再由本人持校园卡及"校园卡延期申请表",到校园卡服务部门办理。

消费卡的有效期及相关操作依照后勤部门制定的《校园卡消费卡管理办法》的相关规定确定。

第九条 校园卡的挂失及解挂。

教工卡、学生卡、普通卡、功能卡及纪念卡遗失后,持卡人可通过自助服务电话、校园卡服务平台、校园卡自助服务终端等自助办理挂失手续,也可持本人有效证件到校园卡服务部门人工办理挂失手续。挂失成功后,卡片所有功能暂停。

在没有补卡换卡前找回原卡,应由本人持有效身份证件到校园卡服务部门办理解挂手续。解挂后,卡片所有功能恢复。

消费卡的挂失和解挂依照后勤部门制定的《校园卡消费卡管理办法》的相关规定进行。

第十条 校园卡的补卡与换卡。

教工卡、学生卡、普通卡、功能卡及纪念卡的持卡人需要补卡或换卡时,可持本人有效证件及所需更换的卡片到校园卡服务部门办理。学生卡的持卡人还可持本人二代身份证至自助补卡机办理。

消费卡的补卡与换卡依照后勤部门制定的《校园卡消费卡管理办法》的相关规定进行。

第十一条 校园卡的冻结与解冻。

按照相关规定,校园卡服务部门有权通过校园卡系统对校园卡进行冻结。被冻结的校园卡所有功能暂停,成功办理解冻手续后,部分功能或全部功能恢复。

由于校园卡透支造成的冻结,持卡人须首先向有关部门清偿透支款项,再持本人有效身份证件、款项已清偿凭证及校园卡到校园卡服务部门办理解冻手续。

由于保留学籍、注册期过后未注册、结束学习、调离或校园卡超出有效期等原因造成卡片冻结的，符合解冻条件的，持卡人可持校园卡在任一自助圈存查询机上办理解冻手续，或持本人有效身份证件及校园卡到校园卡服务部门办理。解冻后，卡片的消费功能恢复。

由于申请校园卡销户造成的冻结，不能办理解冻手续。

第十二条 校园卡的销户。

教工卡、学生卡及普通卡持卡人需要销户时，需持本人有效证件及校园卡到校园卡服务部门办理。

校园卡服务部门对符合销户条件的校园卡予以冻结及收回，并进行相关信息登记，再由财务部门根据相关规定退还账户余额后完成销户手续。

纪念卡及功能卡的销户由管理发行部门另行规定。

消费卡的销户依照后勤部门制定的《校园卡消费卡管理办法》的相关规定进行。

第三章 附则

第十三条 校园卡与银行卡的关联绑定。

除消费卡和部分非实名功能卡外，所有校园卡均可与在校园卡系统中有转账协议的指定银行开设的银行卡进行关联绑定，实现圈存等功能。

进行关联绑定的银行卡的户名必须为校园卡持卡人本人，且银行卡开户时使用的证件与申领记名校园卡所使用证件一致。

集中申领校园卡时，校园卡服务部门根据财务部门提供的持卡人银行卡基本信息，设置校园卡与银行卡的初次关联绑定。

个别申领校园卡时，校园卡服务部门根据申领人提供的银行卡基本信息，设置校园卡与银行卡的初次关联绑定。

所有持卡人可在校园卡自助服务终端上对已关联绑定的银行卡进行解除，也可进行本人校园卡与银行卡的关联绑定。每张校园卡只能关联绑定一张银行卡。

第十四条 校园卡的工本费。

校园卡服务部门依照《校园卡管理办法》和《校园卡资金结算管理办法》代财务部门收取校园卡工本费。

第十五条 教职工调离大学或学生结束学习办理离校手续后，其教工卡、学生卡的身份凭证功能失效，由持卡人作为校友卡留存。该校友卡经办理有效期展期手续后，可按消费卡在校内消费结算。

第十六条 本规定自发布之日起执行，由信息中心负责解释。

7.16 校园卡系统部门收费户管理规定

解析 通过校园卡进行收费是很多职能部门或二级单位的需求,各部门必须提供收费的依据,完成申请程序的审批后,再领取相应的校园卡 POS 机实施收费。《校园卡系统部门收费户管理规定》还明确了收费户的信息变更、注销等手续,以及收费过程中可能存在的纠纷处理原则。

第一条 为加强校园卡系统部门收费户的管理,明确部门收费户的权利、责任和义务,依据《校园卡管理办法》《教育收费管理办法》和《校园卡资金结算管理办法》,制定本办法。

第二条 校园卡部门收费户,是指学校有关单位借助校园卡校内消费结算功能收取各类行政事业性收费、服务性收费和代收费而开立的账户。

第三条 部门收费户申请资格:
(1) 申请单位为学校二级单位或校机关部门;
(2) 拟收费项目已按照《教育收费管理办法》取得批准文件;
(3) 承诺遵守学校校园卡管理和学校收费管理相关规定。

第四条 校园卡部门收费户申请流程:
(1) 填写"校园卡系统部门收费户申请表"并递交信息化管理部门;
(2) 信息化管理部门、财务部门联合审批部门收费户申请;
(3) 根据经营业务需求,申请单位在校园卡服务部门认证的产品型号目录中选购配置校园卡消费 POS 机设备,并根据业务所需,依据《校园卡系统技术规范》改造或建设相应业务系统;
(4) 消费 POS 机配备到位、相应业务系统改造完毕,到校园卡服务部门办理商户接入手续,并按《校园卡资金结算管理办法》缴纳校园卡商户接入费。

第五条 部门收费户所在单位应指定专人负责校园卡终端设备及业务系统的管理和日常维护。

第六条 部门收费户信息发生变更时,应及时到校园卡服务部门办理变更手续。

第七条 部门收费户注销时,应向信息化管理部门提出申请,办理相关手续。销户时,所缴校园卡商户接入费不予退还。

第八条 部门收费户有责任和义务及时、主动、妥善地解决持卡人在消费过程中出现的各种纠纷。部门收费户向持卡人退费时,由部门收费户填写退款申请表交校园卡服务部门处理。

第九条 部门收费户应遵守学校有关收费管理及校园卡管理规定。

第十条 本办法自公布之日起实行,由信息化管理部门会同财务部门负责解释。

附件:7.16.1 校园卡系统部门收费户申请表

附件7.16.1

校园卡系统部门收费户申请表

申请单位名称				
拟设部门收费户负责人	姓名	办公电话	手机	学校邮箱
POS机预估设置数量		拟安装地点		
收费项目名称				
项目批准文件编号		收费类型	□行政事业性收费 □服务性收费 □代收费	
收费项目联系人	姓名	办公电话	手机	学校邮箱
申请单位审核意见	本单位核实以上信息真实准确。 本单位承诺严格遵守学校校园卡管理和收费管理相关制度,履行相应义务。 单位负责人(签字)　　　日期:　年　月　日 (公章)			

续表

财务部门 审核意见	（审核收费项目信息） 上述收费项目已经批准。 同意申请单位通过校园卡系统开展上述项目收费。 单位负责人（签字）　　　日期：　年　月　日 （公章）
信息化管理 部门审核意见	同意申请单位上述收费项目在校园卡系统中开设（增设）部门收费户。 单位负责人（签字）　　　日期：　年　月　日 （公章）

注：1. 请将收费项目批准文件作为附件随本申请表一同提交。
  2. 项目批准文件编号、收费类型的相关内容，可在财务部门网页"收费管理"板块查询。
  3. 如有多个收费项目，请按照批准文件编号顺序依次填写收费项目信息。

7.17 校园卡专网和设备管理规定

解析 通过校园卡进行收费的部门,以及利用校园卡进行身份认证的第三方系统须使用校园卡POS机或者与校园卡系统进行对接。制定《校园卡专网和设备管理规定》有助于规范校园卡专网建设管理、设备的领取与管理,以及第三方系统对接相关工作。

第一章 总则

第一条 为了加强校园卡专网和设备管理,根据《校园卡管理办法》管理规章,制定本规定。

第二条 校园卡专网是支撑校园卡系统运行的专用计算机网络,主要包括校园卡专网核心交换机,用于接入各类终端设备的接入交换机、光纤收发器,用于安装设备的专用机柜、机架,用于保障信息安全的网络安全设备,以及用于连接各设备的光缆、光纤跳线、双绞线等线路。

第三条 校园卡消费终端局域网是指食堂等大型校园卡消费场所为实现消费POS机设备通信而建设的局域网络。包括用于接入消费POS机的商务网关,以及连接消费POS机和商务网关的通信线路。

第四条 校园卡设备是指校园卡系统中接入校园卡专网和校园卡消费终端局域网络的各类设备。主要包括校园卡公用设备、校园卡自助服务设备和校园卡专用设备。校园卡专用设备主要包括校园卡系统专用计算机、身份识别设备及消费结算设备等。

第二章 校园卡专网和设备管理职责

第五条 信息中心校园卡服务部门(以下简称校园卡服务部门)负责校园卡专网和设备管理的总体工作。具体负责校园卡专网、校园卡自助服务设备和公用设备的管理和维护保养,为各校园卡第三方集成系统管理部门、校园卡商户提供技术支持。

第六条 后勤部门分别在主校区和分校区负责所辖商户的校园卡消费终端局域网络及所使用校园卡专用设备的管理和维护保养。

第七条 各校园卡第三方集成系统管理部门、校园卡商户负责本部门所使用校园卡专用设备的管理和维护保养。

第三章 校园卡专网管理

第八条 未经校园卡服务部门许可,任何设备及系统不得接入校园卡专网。校园卡第三方集成系统及校园卡专用设备需接入校园卡专网时,须由校园卡第三方集成系统的管理部门或校园卡商户到校园卡服务部门办理接入手续,并配合完成线路施工和设备连接调试等接入工作。

第九条 各单位应为校园卡专网接入设备提供有效、合理的安放空间及稳定可靠的电源,并为校园卡专网光缆等通信线路提供有效可靠的进户布线空间。

第十条 各单位应自觉爱护安装在本单位的校园卡专网接入设备和线路。未经校园卡服务部门许可,不得操作校园卡专网接入设备,不得插拔网络连接线及电源线。

第十一条 校园卡服务部门负责对校园卡专网进行定期巡查、检修并在发生故障时进行抢修。各单位应积极配合、提供协助,共同做好校园卡专网的维护工作。

第十二条 校园卡服务部门有权根据校园卡系统建设和运行需求对校园卡专网进行调整,各单位应予以积极配合。

第四章 校园卡设备管理

第十三条 所有校园卡设备必须由校园卡服务部门认证并鉴证授权后,方可接入校园卡专网正常使用。

第十四条 遵循"谁使用谁管理"的原则,设备的使用人同时为该设备的管理人,负责所用设备的正确使用、日常维护、设备故障申报等工作,不得私自拆卸、更换配置或挪用。

第十五条 校园卡服务部门配备适量常用类型的校园卡身份识别设备和消费结算设备,用于公用周转、应急所需和备品支持。使用个人或单位须办理相关借用手续,所借用设备出现丢失、人为损坏等情况,责任人或相关部门应照价赔偿。各单位也应根据使用需要,配备适量的备用应急设备。

第十六条 校园卡自助服务设备是面向全体持卡人提供自助服务的重要设备。各单位应为校园卡自助服务设备提供有效、合理的安放空间、稳定可靠的电源及必要的安全防护措施,自觉爱护设备。未经校园卡服务部门许可,不得随意关停、插拔网线或挪动位置,发生故障时应及时通知校园卡服务部门,并在维修时提供必要的协助。

第五章　校园卡专网和设备安全

第十七条　校园卡专网和设备按本办法前述相关条款，由其管理部门负责安全管理。

第十八条　未经校园卡服务部门许可，严禁将已接入校园卡专网的设备连接其他网络，严禁拆卸校园卡设备内置的安全加密卡或连接的安全加密设备。

第十九条　各单位应做好接入校园卡专网系统及设备的安全防护工作，配合校园卡服务部门落实技术安全保障措施。

第六章　罚则

第二十条　对于任何单位或个人违反本规定的违规行为，由校园卡服务部门通知整改。未按通知要求整改或整改不到位的，校园卡服务部门可采取暂停或终止接入服务等强制性措施，并移交学校有关职能部门处理。单位或个人的违规行为造成设备损坏或带来其他经济损失的，须承担赔偿责任；触犯法律的，移送司法机关处理。

第七章　附则

第二十一条　本规定自发布之日起执行，由信息中心予以解释。

7.18 会议签到系统建设管理办法

解析 一般来说,会议签到系统是一个独立的应用,但由于签到系统大多使用校园卡签到,因此也可作为校园卡系统的一个子应用。《会议签到系统建设管理办法》主要明确了会议签到系统各相关部门的职责与分工,以及会议签到系统的设备、数据、使用申请、签到统计、建设运维等方面的规则。

为提高信息化建设水平,建设管理好学校会议签到系统,根据《信息化管理工作条例》等文件,结合学校信息化工作实际,制定本办法。

第一条 会议签到系统。会议签到系统是基于校园卡系统构建的实现会议签到自动化管理的信息系统,主要功能包括会议名称录入、会议室选择、会议时间设定、参会人员名单管理、参会人员在会议签到终端刷卡签到、签到情况实时查询和统计,以及签到结果的统计、报表打印等。会议签到系统中的会议签到终端是安装在学校有关会议室,提供会议信息显示、使用校园卡签到读卡以及会议签到数据统计打印等功能的专用设备。

第二条 基本原则。校级各类会议能够实现校园卡签到的应使用校园卡签到,尽量避免纸质方式签到。学校主要会议室均应安装会议签到终端。对于未安装会议签到终端又需要使用校园卡签到的会议,由信息中心负责提供移动式签到终端设备。

第三条 部门与职责。会议签到系统建设与管理相关部门及其职责如下。

1. 信息化管理部门
(1) 统筹会议签到系统建设;
(2) 协调各单位在会议签到系统建设过程中的关系;
(3) 负责审批会议签到终端的安装申请。

2. 信息中心
(1) 负责会议签到系统的技术实现;
(2) 负责会议签到系统运行环境的管理与维护;
(3) 负责会议签到系统的维护与安全技术保障;
(4) 负责会议签到系统的使用培训和技术支持。

3. 会议室主管单位
(1) 为会议签到终端提供合适的安放空间,稳定可靠的电源及必要的安

全防护措施,自觉爱护设备;

(2)负责会议签到终端的日常管理和故障申告。

4. 会议主办单位

(1)负责申请新增、更换或取消本单位会议管理员;

(2)负责在会议签到系统中创建会议、参会人员名单管理、会议签到现场管理和会议签到结果的统计打印等。

第四条　会议签到终端安装。会议签到终端分为立式及挂式两种,会议室主管单位可根据会议室实际情况选择安装。需安装会议签到终端的会议室主管单位应填写"会议签到终端安装申请表",经信息化管理部门审批后,由信息中心安装设备。会议室主管单位应为会议签到终端提供合理的放置空间及稳定的电源接入,并采取有效措施保证终端的物理安全,不得私自拆卸、更换配置或挪用。终端设备若遭受损失,按照《仪器设备管理办法》第七章处理。

第五条　用户账号申请。需要使用会议签到系统的单位应指定一名会议管理员,填写并提交"会议签到系统用户账号申请表",经单位主要负责人审批后,由信息中心开设用户账号,该账号仅限申请单位的会议管理员使用。

第六条　会议签到准备与数据管理。会议签到系统使用前,会议主办单位负责落实所使用的会议室,并确保不与使用该会议室的其他会议冲突。会议签到数据按照"谁使用,谁负责"的原则管理,会议名称、会议地点、会议时间和参会人员名单等数据由会议主办单位负责录入和核对。

第七条　会议签到。参会人员持本人校园卡在会议签到终端上刷卡签到;会议管理员可登录会议签到系统为未携带校园卡的参会人员进行手工签到。

第八条　签到结果统计。签到阶段结束后,会议管理员可在会议签到终端上查看会议签到情况的实时统计数据,并打印结果,或登录会议签到系统查看会议签到结果相关报表。

第九条　系统建设与运维。信息中心负责会议签到系统和会议签到终端的建设、与其他相关系统对接、运行维护及用户管理,保证系统和终端安全稳定运行。会议室主管单位应指定一名会议签到终端管理员负责会议签到终端的日常管理、使用指导;发现故障后,及时向信息中心申告。

第十条　本办法自发布之日起实施,由信息化管理部门负责解释。

附件:7.18.1　会议签到终端安装申请表

　　　7.18.2　会议签到系统用户账号申请表

附件 7.18.1

会议签到终端安装申请表

申请单位			
	人事编号	姓名	联系方式
联系人			
设备负责人			
设备安装地点及数量	会议室名称及地点	立式签到机终端	挂式签到终端
申请单位负责人意见			
信息化管理部门审批	签字(盖章) 　　　年　　月　　日		

续表

	信息中心办理	
信息中心处理意见	（盖章） 　　　　　　年　　月　　日	
资产转移处理及责任人签字	资产编号： 设备管理系统业务号： 设备转出人签字： 　　　　　　年　　月　　日 设备接收人签字： 　　　　　　年　　月　　日	
设备安装处理	安装地点	
	安装人员	签字： 电话： 日期：　　年　　月　　日

（说明：信息化管理部门电话××××××××；信息中心技术服务电话××××××××）

附件 7.18.2

会议签到系统用户账号申请表

单位名称				
申请人信息	人员编号	姓名	联系电话	电子邮件
单位意见	主要负责人签字(单位盖章)： 　　　　　年　　月　　日			
信息中心办理				

(说明:信息中心技术服务电话××××××××)

后　记

　　数十位同仁，历经两年的努力，"高校信息化建设与管理丛书"即将付梓，我们不禁感慨万千。"高校信息化建设与管理丛书"凝聚着华中科技大学信息化同仁们的汗水，这是我们对几年来信息化工作的感悟与总结，同时我们也想通过本丛书建立一个与其他高校同仁讨论交流信息化工作的平台。

　　但信息技术发展太快，很多在当时看起来还算新的技术、理念或模式，可能过几年就落后了，甚至国际形势的快速变化都会对高校信息化产生重大影响，我们必须学会以更快的速度去学习和应对。因此，在本丛书即将出版之际，既有喜悦，但更多的是忐忑和压力。《未来简史》的作者尤瓦尔·赫拉利认为："拥有大数据积累的外部环境将比我们自己更了解自己。"我们对我们自己及我们工作的认识必然存在很大的局限性，我们的任何工作都无法做到尽善尽美，因而本丛书可能会存在这样或那样的不足。

　　高校信息化同仁们平时面临着太大的压力，一方面要面对领导和师生们对信息化的高要求和高期盼，另一方面还要承受资金和人员的捉襟见肘之痛。面对困难，我们除了加倍努力工作，还应该通过不断总结、反思和相互交流，不断改进工作方法，提升工作效率。但高校信息化同仁们过于忙碌，很难有时间静下心来进行总结，因而有关高校信息化建设与管理方面的系统性书籍并不多。我们撰写这套丛书，希望做一块可以引出美玉的"砖头"，为同仁们提供碰撞火花的引子甚或靶子，恳请各位同仁不吝批评指正。

　　感谢清华大学吴建平院士对本书的悉心指导并为本书撰写序言。感谢华中科技大学副校长梁茜对本书编撰工作的悉心指导。感谢华中科技大学出版社对本书的大力支持。

　　本丛书制度篇编入了华中科技大学原信息化管理办公室时期制定的一些规章制度，在此向原信息化管理办公室主任熊蕊教授、副主任李昕博士以及蔡仕衡老师等表示感谢！

编者

2021 年 2 月